W.D.Gann：45 Years in Wall Street

巴菲特 点评版

江恩华尔街 45年

[美] 江恩◎著
荣干◎译

立信会计 出版社
LIXIN ACCOUNTING PUBLISHING HOUSE

图书在版编目（CIP）数据

江恩华尔街45年/(美) 江恩著；荣千译.--上海：
立信会计出版社，2016.4

（去梯言）

ISBN 978-7-5429-4911-0

Ⅰ.①江… Ⅱ.①江… ②荣… Ⅲ.①股票投资－基
本知识 Ⅳ.①F830.91

中国版本图书馆CIP数据核字(2016)第017558号

策划编辑　蔡伟莉
责任编辑　何颖颖
封面设计　久品轩

江恩华尔街45年

出版发行　立信会计出版社

地　　址　上海市中山西路2230号　　　邮政编码　200235

电　　话　（021）64411389　　　传　真　（021）64411325

网　　址　www.lixinaph.com　　　电子邮箱　lxaph@sh163.net

网上书店　www.shlx.net　　　电　话　（021）64411071

经　　销　各地新华书店

印　　刷　固安县保利达印务有限公司

开　　本　720毫米×1000毫米　　　1/16

印　　张　14.5　　　插　页　1

字　　数　176千字

版　　次　2016年4月第1版

印　　次　2018年3月第3次

书　　号　ISBN 978-7-5429-4911-0/F

定　　价　36.00元

　　虽然在技术派阵营里，江恩理论街知巷闻，但真正能够得其心髓者却并不多见。原因是该理论被认为晦涩难懂，又是角度线又是时间之窗的，还拉上数学、宗教、天文学做基础，如此高深莫测的著作理解起来都十分烧脑，还谈何掌握和运用。直到读了这位天才的收山之作《江恩华尔街45年》，许多人才发觉事实并非如此。江恩一生著述颇丰，作为集大成者，本书几乎涵盖了他此前著述的全部核心观点，并通过生动的案例揭示了投资的失败之因和成功之道，被誉为是投资者提升自身水平的经典，深刻而可读。正因为此，这本书才能穿越时空历久弥新，为全球几代投资者所称道。

　　江恩是一位给整个世界留下珍贵遗产的天才，他不但是趋势理论和技术分析大师，而且还是成功的践行者。读完《江恩华尔街45年》后，你会发现他果然是名至实归——在江恩纵横市场的45年中，国际国内形势大幅动荡，既有两次世界大战，又有1929年的股市大崩溃以及随之而来的大萧条。在如此不确定的环境下，他不但赚取了大量财富，而且也升华成了声名显赫的实用派理论大家。

　　江恩对市场和社会的分析透彻而精准，常常达到不可思议的程度，因此他的预测系统一直拥有大批追随者，时代和环境的变迁也无法遮盖其光芒。作为传奇的预测家和投资家，他当时的预测结果大都是公开发表的。他不但提前一年准确预测到了两次股市大崩盘，而且还成功预测到威尔逊当选美国总统，还有第一次世界大战的结束时间，就连玩彩票也是胜率惊人。虽然如此，江恩也深切地知道，预测成功并不等于操作成功，所以在测市系统之外，他还建立了一整套操作系统，当测市系统发生失误时，操作系统的弹窗就会出来补救。

　　他不仅是一位成功的投资者，而且还是一位伟大的智者和哲学家。除去比例、时间、量价等耳熟能详的量化元素外，他的投资理念同样值得反复学习、认真领悟。他的投资原则简单地说就是谋定而动、顺势而为、动静结合、风险可控，所以他在书中总结出了"24条永恒的规则"，全面展示了他的市场感悟和取胜之道，可以说是其一生心血的浓缩。虽然他数学天赋极高，自创出了许多神秘而有效的分析技术，可是在最后一本著作中，他却不去讲技术和技巧，而是着重归纳了股市生存的智慧。其实他这样做并不奇怪，因为投资修炼到了一定的境界，必然升华到与人生人性相关的哲学高度。

　　虽然在不理性的市场中通过理性的选择实现持续赢利并不容易，但江恩认为，投资者只要能够坚持最基本的规则，简单跟随趋势并及时用止损保护自己，就可以成为持续赢利者。为了完善自己的理论，他去过英国、埃及、南美、古巴、印度等地，并长时间在大英博物馆查阅100年来的数据。他以数十年的经验总结出的忠告是：人类的情感、希望、贪婪和恐惧都是成功的死敌，不掌握必要的知识，在股市就是九死一生。所以作为一本操盘指导的传世之作，本书值得所有投资者认真阅读。

本书囊括了江恩平生所学，其中以自然法则为核心的交易方法、价格和时间的周期性关系尤其重要。他认为，自然法则是驱动市场的核心动力，任何级别的逆转点都是由时间循环决定的。自然法则非常强调倍数关系和分数关系，认为时间和空间产生共振之日，便是市场出现重大变化之时："我发现股票本身与它背后的驱动力之间存在着和谐或不和谐的关系……用我的方法，能确定每只股票的波动，而且通过考虑某种时间值，我能在大多数情况下确切地说出在给定条件下股票的表现。"

晚年的江恩曾致力于编写教材和授课，这引起了一些人的猜忌：如果他能够精确地预测市场，为什么还要提供咨询，还要教操盘术，还要费大力气写市场通讯？产生这些疑问是因为对这个天才缺乏理解，因为他并没有把金钱视为全部，而是把传授知识和经验视为更大的乐趣和享受。在传授技术和心法的同时，江恩还总结了许多天才交易员陨落的原因："多数炒家的最终落败是因为失去了均衡感，他们过分迷信金钱的力量，而且还试图垄断市场。他指出，利弗摩尔太贪心，不会顺势而为；普莱切特低估了突发事件；凯勒斯的破产，则是因为欲望太大。"他还总结出了三大失败原因：过度交易、不会止损、缺乏知识，并指出投资者需谨记"势不可使尽，福不可享尽，便宜不可占尽，聪明不可用尽。"正因为一直小心翼翼地回避人性的弱点，所以他才能成为少数几个能够善终的交易天才。

江恩理论并不仅是复杂的轮中轮、四方图等，他在本书中阐述的那些简明的交易法则和朴素的哲学思考，才是其理论的精要。例如，他那充满智慧的四次法则虽因极具实战价值而被市场人士广泛运用，但却是寥寥数语，言简意赅。这个法则说，当股价冲击某一重要高位时，往往在第四次时方能形成突破，向上拓展空间，向下跌破亦是如此。这个法则看似简单，却是多种技术分析方法的综合提炼，集中了0度角法则、股价形态理论、趋势线分析理论的精髓。他的技术分析至今还被广泛应用着，因为这些方法对重要支撑与阻力的判断精确度很高，甚至简单的角度线就可以有效地研判重要的拐点。

纸上得来终觉浅，绝知此事要躬行。我们读江恩，应该着眼于追随大师的思路，比如计算周期，比如资金管理和自我管理，而不是机械地套用他的交易手法。我们追随江恩，应该借用大师的测市路径寻找市场规律，并结合中国股市的特点考量未来，然后站在未来的高度把控当下的市场。

江恩的终极感悟还包括，健康才是人生最大的财富："你不应在忧心忡忡或意气消沉的时候进行交易。当你身心不适时，你的判断总会出错。成功投机者的规则之一就是应当保持身心健康，因为健康就是财富。"愿读者能反复阅读江恩的著述，并带着他的训诫去磨练和自省，进而获得穿越牛熊的魔力，像大师一样以健康的身心与市场共存45年。

刘海亮[1]

---

[1] 职业基金管理人，财经作家，著有《从一万到一亿》《撤单》等。

早在1910年，我曾应朋友之邀撰写过一本名为《投机：一个有利可图的职业》（Speculation a Profitable Profession）的小册子。其中，我列出了几条曾助我在股市中获利的成功法则。

之后，为了帮助那些想从投机和投资交易中获利的人，1923年初，我又撰写了《股市行情的真谛》（Truth of the Stock Tape）一书。这本书获得了读者们的广泛赞誉，许多人甚至将其称为我的代表作，而读者们一封封饱含感激之情的来信也证明这本书的确实现了我的写作初衷。在我对1929年的股市大恐慌进行了成功预言之后，读者们又纷纷要求我再出一本新书，以适应《股市行情的真谛》出版后时代的变迁。为此，我于1930年初，撰写了《华尔街股票选择器》（Wall Street Stock Selector），这本书涵盖了我从1923年以来的实践经验中总结出来的新规则，相信必能使读者们从中受益。在《华尔街股票选择器》一书中，我预言到，一次有史以来人类所能想象到的最大恐慌——"投资者恐慌"即将到来，而1932年7月结束的股市大恐慌证实了我的这一预言，在这场"灾难"中，一些股票甚至跌到了它们在过去四五十年间曾有过的最低点。

1932年的噩梦结束之后，股市出现了一轮大涨行情，而我所总结的炒股规则让很多投资者获利颇丰。

读者对此感到比较满意，又纷纷要求我继续写作新书，于是1935年末，我的第三本书《新股票趋势探测器》（New Stock Trend Detector）面世，书中既有我的经验总结，也有我新发现的一些实用规则，它将继续为读者们提供帮助。

1935年至今，世界已经发生了许多变化，市场也从我预测的1937年恐慌中恢复了过来，这轮下跌行情终止于1938年3月，而随后的一轮小牛市一直持续到1938年11月10日。

1939年9月1日，第二次世界大战爆发。1941年12月，美国参战。身陷战争中的美国股市出现了进一步清偿，市场于1942年4月28日到达最低点，不仅打破了1938年时的最低水平，且处于1932年以来的最低点。

紧随1942年这个最低点的是新一轮的涨势，其势头持久，一直持续到1945年8月对日作战结束之后。

1946年5月29日，股市达到了1929年以来的最高位。我根据自己制定的规则准确预测出了这轮上升行情的顶部，以及随后的急剧下跌行情。而事实上，这轮下跌直到1946年10月30日才刹车止步。

距离我撰写上一本书《新股票趋势探测器》至今，已经过去了14个年头，在这段时间里，我通过市场操作又获得了更多知识。这个世界复杂而多变，投资与炒股者经常会因经济萧条和股市下挫而感到困惑、迷茫，因此许多人写信请我再写一本新书。本着帮助他人的美好愿望，我撰写了《江恩华尔街45年》，这本书既是我操作经验的总结，也概括了我对股市的新发现，

希望此书能对在困境中艰难跋涉的读者们有所帮助。我现年已经72岁，功名
于我毫无意义，我的收入也早就数倍于我所需的支出，因此，我写这本新书
只有一个目的，那就是送给读者一份最珍贵的礼物——知识！如果读者们能
从中学到更安全的投资方法，那我的目的就达到了，而读者对本书感到满意
将是对我的最好奖赏。

W.D.江恩

1949年7月2日

第一章

现在比1932年前更难获利吗

许多人都曾写信问过我这个问题。我的回答是：未必。只要你挑选的股票正确，现在仍能赚取大把的利润。不过，不可否认的是，交易环境的变化已经在某种程度上改变了市场的交易行为：政府下达各种法令对股票交易加强监管，并要求投资者缴纳更高的保证金，而各种所得税法的出台使得长线投资的优势越来越明显，因为这样可以免交过多的所得税。同时，由于短期的股价剧烈振荡，在股市里博一时差价的投机行为也已不再划算。总之，那种坐在经纪人的办公室里就能解读即时行情的时代早已成为过去，现在，只有花时间去绘制走势图并仔细研究，才有可能真正盈利。

很多上市已久的股票价格已经基本稳定，走势波动日益趋缓，所以基本不可能在短时间内迅速获利。毕竟，高达每股100美元以上，并且宽幅振荡的股票已经少之又少。

我炒股，我每天看资料。
★ 巴菲特

当1949年6月14日股指到达最低点时，大约有1 100只股票在进行交易，但其中价格超过100美元的股票仅有112只。这些股票大多是投资者持有的优先股，不仅流动性较差，且波动范围小。6月14日当天，价格低于每股20美元的股票共有315只，低于每股10美元的202只，低于每股5美元的83只，合计共有600只，即超过总数50%以上的股票价格低于每股20美元。既然存在这么多低价交易的股票，那你就只能通过长线持有来赚钱。

另外，近年来，许多高价股都已进行分红派息和股本拆分，以至于越来越多的股票变成了低价股。

☑ 以同等资本多赚钱

与几年前相比，如今你大可以用相同的资本赚更多的钱。例如，过去，如果某只股票售价100美元一股，你想买1手就必须凑齐1万美元，并一次性付清所有现金。但如今你仅凭50%的保证金就可以购买这只股票，如果它上涨了10个点，你就盈利1 000美元，即自有资本的20%。现在，假定你要按50%的保证金买入1 000股每股价格为10美元的股票，也只需投入5 000美元。若是这只股票上涨5个点，你就能获利5 000美元，即原有资本的100%。现今的股市里存在着大量价格低、前景好的股票，所以，不必担心，你总有机会像以前一样迅速获利。

☑ 成交量减少的秘密

近几年来纽约证券交易所的股票交易量明显减少，这是人们买入股票并长期持有造成的结果。自各种证券交易监管条例出台后，联合资金操纵股票就已经成为过去，但这并不代表着今后不会再出现大牛市和大行情。时间一天天过去，大量股票逐渐分散到那些长期持有的投资者手中，大批流通股被逐渐消化吸收，而当某一天，某个突发事件掀起购买浪潮的时候，买家就会发现股票的供给稀缺，而股票的价格也必然会被推高。股价越高，买家就越多，这是股票交易中很常见的现象，它常常导致在牛市的末期出现最后的冲刺和股价的飙升。以往发生的事会在未来重复出现——在华尔街，历史总是在不断重演。

1946年1月，美国政府出台了一项规定，要求人们购买股票时必须缴纳100%的保证金，换句话说，就是要求全额现款炒股。当时的股市正在高位运行，而且已经连涨三年半，政府出台的这项规定会打消人们的购买热情吗？答案是否定的。规定出台的次日，道琼斯指数不仅上涨了20多点，而且涨势一直持续了5个多月，直到到达1946年5月29日的最高点。这件事表明，只要人们的购买欲望十足，政府并不能

> 从短期看来，股票是一个投票机；从长期看来，股市是一个称重机。
> ★ 巴菲特

阻止股价的上扬。实际上，许多股民都认为，政府采取这样的措施是因为担心股价的上扬会失去控制，对此深信不疑的投资者不断地买入股票，而根本不管需要交纳多少保证金。经验告诉我，只要时间周期指明上升趋势，那么什么也阻挡不了股市的上涨；而只要时间周期指明下降趋势，那么什么也阻挡不了市场的下跌。正因如此，股票才可能因利空消息而上涨、因利多消息而下跌。

1949年3月，政府将股票交易的保证金下调到50%。许多人认为这是个特大利好消息，能够启动一轮大牛市，可结果却出乎人们的意料：股票反弹两天至3月30日，然后转而下跌，到6月14日时，平均指数已下跌超过18个点。指数之所以下跌是因为趋势已经向下，而且时间周期还没有跳出低谷。

☑ 股市中的交叉流向（Cross Currents）

近年来，股票市场的复杂程度远胜以往，在同一时刻，一些股票上涨，而另一些却在下跌，原因是，行业不同其所处的环境条件也各不相同。但不管怎样，如果你能坚持绘制高低价月线图（Monthly Highand Low Chart），并运用我说的规则仔细研究，就可以对这些交叉流向了如指掌，并把握个股的变化趋势。

☑ 为什么会在股市中赔钱

大多数股民之所以会赔钱主要是因为以下三点：

1.从资本角度来说，交易过度或买卖过于频繁。

2.没有下止损单（Stop Loss orders），或是当某一投资的亏损达到预定的数额时，没能及时出局限制损失。

3.不了解市场，这是最重要的原因。

绝大多数人买入股票的目的，是期待股价上涨而从中获利。他们或是打听小道消息，或是盲目听从他人的意见，自己却没有任何关于个股价格趋势的具体知识。因为他们是懵懵懂懂进入股市的，当然不能认识到自己犯了什么错误，更别提及时改正了。最后，因为害怕股价再跌，他们无奈之下开始抛售股票借以脱身，但这个抛售时机常常是错误的，因为这时一般就是股市的底部。如此一来，他们就犯了两个错误：在错误的时间入市，又在错误的时间出市。后一个错误本可以避免，也就是说他们本可以在错误地入市后及时脱身，但他们没有意识到，就像工程或医学一样，操作股票或商品期货本身也是一种行业或专业，也需要具备专业知识。

> 我们不因大人物，或大多数人的赞同而心安理得，也不因他们的反对而担心。
> ★ 巴菲特

☑ 学会研判市场趋势

过去，你可能跟很多人一样，也是根据市场评论进行操作，也是一样赔钱或是白玩儿，因为市场评论推荐了太多的股票供你参考，而你恰恰买入了错误的一只并因此赔你不得不自己动脑。我总是吃惊于那么多高智商的人也会没有头脑的模仿。在别人的交谈中，没有得到任何好的想法。

★ 巴菲特

钱。可是，如果你足够聪明，那么，即使他人给你的意见是正确的，你也不会盲从，因为当你自己也不知道这些建议的根据时，就不可能有信心来进行操作。只有自己可以看出并且透彻了解了股票上涨或下跌的原因，才能满怀信心地投身股市并从中获利。

这就是为什么我一再强调，要你研究我所制定的所有交易规则，并亲手绘制个股走势图以及平均指数走势图的原因。如果你照做了，就等于准备好以独立的方式投身股市，而不再会随便为别人的建议所左右，如此一来，你定会从这些历经时间验证的规则中判断出市场应有的趋势。

第二章

股市中的交易规则

要想在股票交易中获利，就必须先学习股票的相关知识，而且必须在你赔钱之前就开始学习。许多投资者在进入股市时对股票一无所知，而当他们意识到入市前应该先预习功课时，就已经损失了大部分本钱。本章中的交易规则是我身处股市45年来的经验总结，如果你能灵活运用，这些规则必将助你取得成功。

首先要明白一点，那就是没人能保证在购买股票时不犯错误，因此你必须知道如何来纠正错误。解决办法就是设置止损单，减小风险，止损点可以比你买入的价位低1、2或3个点。如此一来，一旦自己判断失误，就可以自动斩仓出局，使自己在有确定的征兆时得以重新入市。不要凭猜测行事，要按明确的规则和指向进行操作，这样做会增加你的成功机会。

请读一读我在《股票行情的真谛》《华尔街股票选择器》和《新股票趋势探测器》中列举的所有规则和例子，

> ◢ 恐惧是盲从投资者的敌人，但却是理性投资者的朋友。
>
> ★ 巴菲特

并认真研究我在这本《江恩华尔街45年》中总结出的12条和24条规则。这些规则都是金玉良言，如果你仔细研究，必能从中受益。请记住，学无止境，永远不要以为自己已经通晓一切，要时刻准备学习新的东西，否则你就会止步不前。时间和环境都在变，你要学会随势而动。同时，江山易改但本性难移，这就导致了虽然年代不同，但股市的历史却周而复始，在一定条件下年复一年地重复波动。

☑ 规则1　研判趋势

研判道琼斯30种工业股票平均价格指数、15种公用事业股平均指数或其他任何你想要参与交易的股票板块的平均价格指数，然后在这些板块中挑选你要交易的股票，并观察它的趋向指标与平均价格指数是否一致。你应当使用平均指数的3日图（3-Day Chart），以及本书后面说明的平均价格指数9点摆动图（9-Point Average Swing Chart），和其他所有规则来确定正确的买卖时机。

☑ 规则2　在单底、双底和三底买入

在双底和三底，或接近前一个底、顶或阻力位的单

底买入。请牢记这条规则：当市场超越了前面的头并出现反抽现象，或略微跌破时，那些本来是卖点的头或顶就成了底、支撑线或买点。要在单顶、双顶或三顶处卖出。此外，还要记住，当以前的顶被突破若干个点后，市场再次反弹达到或接近这个位置时，这里就形成了一个卖点。当你做完一笔交易后，应当选择一个适当和安全的位置设置止损单，并立刻将其交给你的经纪人。当你不知道该在哪设置止损单时，就不要进行交易。

　　还有一个现象绝对不容忽视，那就是当平均价格指数或个股在第四次到达同一顶部价格水平的时候，这是个股或大盘即将出现上行的征兆，不适合成为卖点。而这条规则用在底部也一样成立，当股票第四次跌到同一底部水平时，多数时候它总会破位继续下行。

对于大多数投资者而言，重要的不是他知道什么，而是清醒地知道自己不知道什么。
　　★ 巴菲特

☑ 双顶和双底的意义

　　平均价格指数的双顶可以有3~5个点的范围区间。除个别极端情况外，大多数双顶在1~2个点的范围内变动。同理，双底也是这样形成的。如果几年前在相同的低位附近已经有过一个底，那么平均价格指数可能会跌破前一个底4~5个点，但这并不意味着指数会走低，而是可能会在这里形成一个双底或三底。

一般情况下，个股会在2~3个点的范围内形成双顶，有时也会在1~2个点的范围内变动。双底的形成亦然：在2~3个点的范围内做双底，有时第二个底会比前一个低1~2个点。对个股的止损单应设置在比双顶或三顶高1~3个点的范围内，具体数值要看股票的价格有多高。此外，止损单还应下在比双底或三底低1~3个点的位置上。

当平均价格指数或个股第三次到达同一位置时会出现三顶或三底。一般来说，这是最适宜的交易位置，因为市场在三顶或三底处驻留的时间非常短。

☑ 规则3　按百分比买卖

只要下跌或反弹未出现重大变化，就在从任何高位下跌50%的位置处买入，或在从低位反弹50%的位置卖出。可以利用个股及平均价格指数的百分比来判断阻力位和买卖点。这样的百分比可以是3%~5%，10%~12%，20%~25%，33%~37%，45%~50%，62%~67%，72%~78%，以及85%~87%。其中最重要的阻力位是50%和100%，以及与100%成比例的部分。（可以参见本书第四章中的例子）

☑ 规则4　按三周上涨或下跌买卖

当牛市中的主要趋势向上时，可在为期3周的调整或下跌后买入，因为这是强劲牛市的平均调整周期。而在熊市中，如果大盘趋势向下，那就可在大约为期3周的反弹后卖出。

当市场上涨或下跌30天甚至更长的时间后,下一个需要留心顶部和底部的时间周期大约是6~7周,这将是一个买卖点。当然为了保险起见,不要忘记根据这些阻力位设置止损单。如果市场反弹或下跌45~49天以上,那么下一个需要注意的时间周期大约是60~65天,这是熊市中出现反弹以及牛市中出现回调最常见的时间周期。

☑ 规则5　市场分段波动

股市按三至四段呈波浪运动。如果市场刚向上运行了第一段,绝不要以为它已经到达了最终的头部,因为只有到达头部前至少运行了三个波段,甚至更多时候要运行四个波段的,才是真正的牛市。

而在处于熊市或下跌的市场中,如果市场刚走完第一跌或第一段,绝不要以为它已到达最终的底部,因为在熊市结束以前,下跌行情会持续三个甚至是四个波段。

☑ 规则6　按5~7点波动买卖

应该在个股调整5~7个点时进行买卖交易。当市场强势时,调整将是5~7个点,但最多不会超过9~10个点。通过研究道琼斯工业股平均指数,你会发现,一次反弹或调整往往少于10个点。同时,对于一般的买卖位置,要密切注意10~12个点的反弹或下跌。另外，从任何重要的头部或底部开始的18~21个点的上涨或下跌，也是一个需要密切关注的位置。通常情况下，平均指数的这种变化代表的是一轮行情的结束。

何时获利了结，这是当你买入或卖出股票后必须弄清楚的一件事。请遵循这里所说的规则，不要在行情出现明显的转势前平仓。

☑ 规则7 成交量

研究成交量的变化有助于确定股市趋势何时反转。因此，要结合时间周期研究纽约证券交易所的成交总量，并结合本书中关于成交量的各种规则来研究个股的成交量变化。

☑ 规则8 时间周期

在研判趋势的变化时，最重要的就是时间因素和时间周期，因为时间因素能使价格出现变化。在某些时候，成交量的放大会迫使价格走高或走低。

趋势变化的日期——股票市场指数和个股的趋势遵循

一种季节性的周期变化，这种趋势会因年份的不同而变换，只要了解这些重要的日期并对它们保持密切关注，你就可以通过应用除此之外的其他所有规则，快速研判趋势中出现的变化。这些重要的日期包括：

1月7日~10日，以及19日~24日。这些是每年年初最重要的日期，那些持续数周、有时甚至是数月的趋势，往往就是在这些日期附近出现变化。关于这一点，你可以通过查阅以往的交易记录来加以验证。

2月3日~10日，以及20日~25日。这些日期的重要性仅次于1月份的。

3月20日~27日。这个日期附近会出现小的转势，有时也会出现重要的大顶或深底。

4月7日~12日，以及20日~25日。虽然不如1月和2月的日期那么重要，但4月的下半月对于趋势性的转折来说往往是相当重要的时期。

5月3日~10日，以及21日~28日。在这个月里发生的趋势变化其重要性绝不逊色于1月和2月，以往许多重要的大顶和深底都出现在5月的这些日期附近，并进一步发生趋势的逆转。

6月10日~15日，以及21日~27日。一些小的转势会出现这些日期附近，而且在某些年份里，会出现极限最高点和极限最低点，例如：1948年6月14日的极限最高点，1949年6月14日的极限最低点。

7月7日~10日，以及21日~27日。这个月的重要性仅次于1月，因为它位于一年的中间，正是上市公司进行分红的时间，而季节性的变化以及公司的盈利状况（农作物的收成情况）也会影响股票趋势的变化。

8月5日~8日，以及14日~20日。说起转势，从某种程度上来说，这个月的重要性可以等同于2月。只要你查阅以往的记录，就会发现很多重要的转势都出现在这些日期的附近。

9月3日~10日，以及21日~28日。这些时期是一年之中最为重要的，特别是对于顶部或牛市的最后上升阶段来说更是如此，因为相比其他月份，最高点出现在9月的频率更高。某些小的转势，无论是上涨还是下跌，也都发生在这些日期附近。

10月7日~14日，以及21日~30日。这些时期相当重要，一些重要的转势会出现于此。如果市场的上涨或下跌已经持续了一段时间，这些日期就更要多加注意。

11月5日~10日，以及20日~30日。历史研究表明，对转势来说，这些日期十分重要。在选举年，转势往往会发生在这个月初，而在其他年份里，股市常常在20日~30日之间走低。

12月3日~10日，以及15日~24日。在曾经长达数年的时间里，12月的下半月以及进入1月的时期，出现转势的百分比非常高。

参考3日图上出现极限最高点和极限最低点的确切日期，查看这些过去的日期，并在将来的月份中多加留心。

在寻找市场转势日期的时候，请注意市场是否已经离开最高价或最低价7~12天、18~21天、28~31天、42~49天、57~65天、85~92天、112~120天、150~157天或175~185天这些时间周期，在这些时间段内开始时的顶部和底部越重要，转势也就越重要。

平均指数或个股在上涨或下跌了相当长一段时间之后，就会失去平衡，而且这段时间持续得越长，就会进行力度越大的调整或反弹。如果某次下跌比前一次下跌的时间要长，就意味着转势，至少是暂时改变的征兆。如果股价大大高于前一次下跌或调整时的点数，就意味着市场失去了平衡，转势也即将发生。

反之，这条规则也可以运用于熊市之中。如果股票已经下跌了相当长的一段时间，而某个反弹的时间段首次长于前一个反弹时间段的时候，就表明趋势正在改变，至少是暂时性的改变。如果股价反弹首次超过前一次的幅度，就意味着空间运动或价格运动失去了平衡，而转势已经开始。与价格的反转相比，时间的变化更为重要。而当这些反转出现时，你可以应用所有的规则来验证转势在这个时间点是不是必然发生。

当市场正在接近一轮长期上涨或下跌的终点，并且到达第三段或第四段的时候，相比前一段的市场上涨，新波段的价格涨幅会减小，上涨的时间也会缩短，这意味着转势即将出现。在熊市或下跌的市场中，与前一段的市场下跌相比，如果股价下跌的点数减少，且波动时间缩短，这就表示熊市的时间周期即将进入尾声。

☑ 规则9　在顶、底均上行时买入

要在市场的顶和底都持续上行时进行买入操作，因为这代表着市场的主要趋势依然向上。在市场的顶和底不断下移时卖出，因为这说明市场的主要趋势向下。时间周期永远都很重要。要注意以前的头部至头部，以及底部至底部的时间跨度，同时，还要注意市场从最低点升至最高点，以及股价从最高点跌至最低点经历了多长时间。

1 把市场的波动看作是你的朋友而不是你的敌人，从市场的愚蠢中获利，而不是参与其中。
　　★ 巴菲特

2 投资的一切在于，在适当的时机挑选好的股票之后，只要它们的情况良好就一直持有。
　　★ 巴菲特

当市场波动变化较小且波动周期也很小的时候，尤其是对低价段来说，你所要做的就是坚持绘制高低价月线图；当股价开始活跃时，你可以开始绘制高低价周线图（Weekly Highand Low Charts）；而对于在高位运行的股票，你应当绘制高低价日线图（Daily Highand Low Charts）。但不要忘记，不管怎样，高低价日线图都远比不上作为一种趋势指标的3日转向图（3-Day Swing Charts）重要。

☑ 规则10　牛市中趋势的变化

趋势的反转往往出现在节假日的前后。请大家记住，下面所列的日期非常重要：1月3日、5月30日、7月4日、9月初、劳动日①后、10月10日~14日、选举年的11月3日~8日，以及11月25日~30日、感恩节②和12月24日~28日。在转势正式形成之前，最后的那段时期可能会延长至1月初。

当道琼斯平均价格指数或个股的价格突破9点摆动图中的前一个最低点，或3日转向图中前一个最低点时，就说明趋势正在改变，或者至少出现了暂时性的变化。

熊市：如果一个下跌市场中的股价在9点摆动图上超过前一个反弹的最高点，或在3日转向图上超过前一个反弹的最高点，这就是趋势变化的第一个信号。当股价在高位运行时，常常会经历几次上下振荡，所以，当市场突破上一次振荡的最低点时，就代表着趋势的变化或反转。

---

① 劳动日：每年9月份的第一个星期。——译者注
② 感恩节：每年11月的第4个星期四。——译者注

在低位运行时，股价常常会减缓跌势，并在一个狭小的交易区间内持续运行一段时间，但若是它们随后穿过前一次反弹的最高点，这对判断趋势变化来说就十分重要了。

要时刻牢记仔细查看市场，看其是否正好离任何极限最高价或极限最低价相距1、2、3、4或5年。检查一下，市场与任何极限最低价之间的时间跨度是否是15、22、34、42、48或49个月；这些月数是关注趋势变化的重要时间周期。

☑ 规则11　最安全的买卖点

在确定的转势形成之后再购买股票总是最安全的。当股票筑底后会有一波反弹，之后出现次级调整（Secondary Reaction），并在一个更高的底部获得支撑。如果这时开始出现上涨，而且冲破第一次反弹的头部，那就是最安全的买点，因为市场已经给出了上升信号。此时可以将止损单可以设置在次级底的下方。

当市场已经上涨了很长一段时间，创出最后一个高价，并出现了第一次快速垂直下跌后，会反弹并形成第二个顶部，而这个顶部的高度会略低一些。随后市场又会从这个顶部开始下跌，并跌穿第一次下跌时的最低点，这是一个相对安全的卖点，因为它给出了主要趋势已经调头向下的信号。

2日回调和2日反弹：这是活跃的市场中最重要的时间周期。回调只持续两天，不会在第三天继续下跌，只要不出现任何转势的迹象，这种情况就会频繁出现。如果个股或平均指数只回调两天，就说明多头气势很强。你可以在3日转向图中找到这些2日运动。

在一个活跃且迅速下跌的市场之中，反弹往往陡直而迅速，且只持续两天。如果你研究3日转向图，就可以在1929年的股市大跌和1930—1931年大熊市中，找到很多这样的反弹。

要记住：如果趋势向上，那么不管股价多高都可以考虑买进；如果趋势向下，那么不管股价多低都可考虑抛出。永远不要忘记用止损单来保护自己的投资，让自己不至于遭受损失过大。永远要记得顺势而行，断不能逆势而为。要在强势中买进，在弱势中卖出。

☑ 规则12　在快速波动中获利

当市场十分活跃、股票上涨和下跌都十分迅速的时候，平均每日升降可达1点。如果平均指数或个股每天波动2点或超过2点，就说明它已偏离正常的轨道，持续的时间不会太长。在牛市里，这种波动会出现在短期和迅速的回调或下跌之中；在熊市里，当趋势向下时，这些迅速的反弹会在一个极短的时间段内抬高价位。具体请参见本书第五章中的资料和例子。

为了让大家加深印象，我要再次强调：如果你想在股票市场中获得成功，就必须投入大量的时间进行学习研究，你花费的时间与得到的知识还有今后获得的利润是呈正比的。为了探索和测试上述这12条规则，我花费了长达45年的时间进行实践，在这个过程中，我领悟到了成功的秘诀。我已经将这些经过实践检验的有效规则系数告知大家，剩下就看你的了。要想在股市中获利，你必须学习这些规则，并在实践中灵活加以运用。

◁ 时间是杰出（快乐）人的朋友，平庸（痛哭）者的敌人。

★ 巴菲特

☑ 24条常胜规则

交易者若想在股票市场上取得成功，就必须为自己制定一套明确的规则，并遵照执行。下面你看到这24条规则是我根据自己的经验总结出来的，相信任何人只要遵此而行就会获得成功。

2 大多数人宁愿死也不愿意思考。

★ 巴菲特

1.资金的使用量：将你的资金平均分成十份，要保证每次交易时使用的资金不超过其十分之一。

2.使用止损单。为了保证投资安全，每完成一笔交易，都要在距离成交价3~5点处设置止损单。

3.绝不过度交易。它会破坏你的资金使用规则。

4.绝不让盈利变为损失。如果你获得了3点或更多的利润，请立即提高止损单的设置点位，这样才不会让你的资本遭受损失。

5.切勿逆势而为。当你无法根据走势图确定趋势时，绝不要进行买卖交易。

6.看不准行情的时候就退出，不要在看不准行情的情况下入市。

7.只交易那些活跃的股票。不要介入那些运动缓慢、成交稀少的股票。

8.平均分摊风险。如果条件允许，可以选择交易4只或5只股票，不要把全部资金投到一只股票上。

9.不要限制委托条件，或事先固定买卖价格。要根据市场情况采用市价委托，见机而行。

10.若没有好的理由，就不要平仓。但要记住下止损单保护你的利润。

11.累积盈余。当你进行了一系列成功的操作后，请把部分盈利划入盈余账户，以备不时之需。

12.绝不只为获得一次分红而买进股票。

13.绝不平均计算个股方面的损失。这也是股民最容易犯的也是最糟糕的错误之一。

14.绝不因为失去耐心而出市，也不要因为急不可耐而入市。

15.避免赢小利而亏大钱，捡了芝麻丢了西瓜。

16.不要在交易过程中撤销你已经设置的止损单。

17.避免出入市过于频繁。

18.愿卖的同时也要愿买。让你的目的与趋势保持一致并从中获利。

19.绝对不要因为股价低而买入，也不要因为股价高而卖出。

20.避免在错误的时候使用金字塔交易法补仓加码。等股票活跃并冲破阻力位后再加码买入，等股票跌破主力派发区域后再加码做空。

21.挑选小盘股做多，挑选大盘股做空。

22.绝不做对冲交易（Hedge）。如果你多做了一只股票，而它开始一路走低，切记不要卖出另一只股票来补仓。你要做的是认赔，离场，然后等待下一个机会。

23.若没有充足的理由，就绝不在市场中变换多空位置。进行交易时必须有某种充足的理由，或依照某种明确的计划行事。因此，在市场未出现明确的转势迹象前不要离场。

24.避免在长期的成功或赢利后就增加交易次数。

当你决定进行一笔交易时，一定要检查自己有没有违背这24条规则中的任何一条，因为这些规则对你炒股的成功起着无与伦比的重要作用。当你"割肉"时，请对照这些规则看看你违反了哪一条，以免今后再犯类似的错误。你会通过自己的亲身实践和调查学习感受到这些规则的价值，观察和研究可以让你掌握一种可以在华尔街获得成功的、正确而实用的理论。

> 我们不必屠杀飞龙，只需躲避它们就可以做的很好。
> ★ 巴菲特

☑ 资本的安全

你要优先纳入考虑的就是如何保护自己的资本，以及尽可能确保交易安全进行。其实有一条规则是既安全又稳妥的，只要你愿意一直遵守它，就可以永葆资金安全，并在每年的年末取得位居前列的盈利。这条规则就是：将你的资金平均分成十份，保证在每次交易中，不冒险投入超过你资本的十分之一或百分之十。如果你起步于1 000美元，那么你在第一次交易时就不要拿出超过100美元，而且要用下止损单的方法来限制损失。手上有10股股票，损失3个点即30美元，总好过有100股股票却损失300美元。只要手里还有资本，你迟早能发现新的获利机会。若是开始时就冒巨大的风险，你的资本就会处境危险，而你的判断能力也会被削弱。谨遵这条规则进行交易，即使偶有损失，也不会让你惶惶不安。

☑ 止损单

要知道你打扑克牌时，总有一个人会倒霉，如果你看看四周看不出谁要倒霉了，那就是你自己了。
★ 巴菲特

对投资者和炒股者来说，使用止损单是确保安全的唯一法宝，有关止损单的好处我已在前文中多次提到，这里不再重复。我想说的是，一个下了止损单的投资者或交易者，可能十次中有一次恰好将止损单的委托价格设置在了顶部或底部，此后，他一直对这件事念念不忘，并说，"我是设置了止损单没错，可谁知股价正好下跌到委托价，或正好上升到止损点，随后市场就朝另一个方向行进了。"所以，下次他就不再使用止损单了。而他的经纪人也常常在他耳边念叨，说止损单就是个倒霉蛋，总能碰到转折点。然而，这个交易者显然忘了，除了之前那一次，其他八九次止损单都是正确的，可以让他在市场与自己的期望背道而驰时及时离场，避免更大的损失。所以，如果哪次止损单让你错误地离场，那么，为了补偿这个错误，下面的九次它一定会发挥作用，使你正确地脱身。因此千万不要忘记使用止损单。

☑ 坚守规则

智者总是善于转变观念，而愚者总是故步自封；智者在作决定前会先进行调查，而愚者仅仅是作决定。在华尔街，不转变观念的人很快就会头脑僵化，但是，一旦你理由充足地决定进行一笔交易后，就不要毫无缘由地改变。尤其要记住，不要在市场与你的判断背道而驰时更改或取消止损单。设置止损单来保护自己是你开始一笔交易时要做的头等大事，这绝对是一个明智之举；反之，要改变这个决定，那就是愚蠢之举。我知道你之所以撤销已经设置的止损单，并不是出于什么正确的判断而是因为希望，但在华尔街，光靠希望只会使你赔钱。一旦你设置了止损单，而且中途不予撤销，那么十有八九，事实会将它能产

市场就像上帝一样，帮助那些自己帮助自己的人，但与上帝不一样的地方是，他不会原谅那些不知道自己在做什么的人。

★ 巴菲特

23

生的最佳结果呈现在你面前——坚持这条规则的人将取得成功。这里我要重申，如果你不能遵守某一种规则，就不要投机炒股，否则必将血本无归。而在你必须遵守且永不能偏离的规则中，尤为重要的一条，就是在你交易的同时要设置止损单且不能中途撤销。

☑ 过度交易

为什么历史会一再重演？这是人性的弱点导致的。幻想一夜暴富的贪欲已让无数股民付出了惨痛的代价。过度交易是炒股者身上最大的弱点，相信每位有经验的炒股者对此都深有体会，可是很多人仍然选择了放任自流，直至倾家荡产。我们必须战胜这个弱点，而止损单正是能够治愈过这一弱点的良方。

必须有工作激情但又没有贪念，并且对投资的过程入迷的人才适合做这个工作。利欲熏心会毁了自己。
★ 巴菲特

☑ 保护盈利

保护盈利与保护资本同等重要。一旦你在某笔交易中获利，就绝不能让它化为乌有，再变成损失。这条规则要求炒股者做到的不是绝对遵从，而且应当根据利润的大小来确定在何处设置止损单。下面我要给大家介绍一条可适

第一条规则：不要亏损；第二条规则：永远不要忘记第一条。
★ 巴菲特

用于一般情况下且最安全的规则：一旦一只股票朝着对你有利的方向运动了3点，就按原先的价格位置设置止损点，即使这个价格是个转折点也不例外。对于交易活跃的价格高起的股票，你可以等到它有4~5点的利润时，再将止损点改设在市场一旦反转而你正好打平手的地方。如此一来，你就可以将风险降到最低，将获利的可能性增至最大。只要股票朝对你有利方向的运动，你就必须紧跟着调整止损点的设置，这可以保护并增加盈利。

☑ 何时买入

何时买入这个问题非常重要，必须依据某种规则或信号来下单。如果你仅凭主观印象判断市场正在接近底部或顶部，那么你会发现，70%的时候你都是错的。对你来说，当前市场的状态怎样以及它会如何运动并不重要，重要的是，你期待日后获利时市场趋势的迹象是什么。

当一个股票到达低位或高位你想建仓的时候，就应当等到趋势已经向上或向下的信号出现。尽管有时你会因等待而错过底部或顶部，但观望可以使你保全资金免遭损失，直至你有确定的理由相信自己不是在逆势而为。

切记，你的目的不是要获得多大的利润，或造成多大的损失，不要眼睛只盯着钱。你应该把全部的时间和精力

⊿ 股票的价格越低，我就会大笔买进。

★ 巴菲特

投入到研判市场的趋势上来，顺应市场的趋势，让你的目标与市场保持一致。如果你能够保持与市场趋势一致，利润自会滚滚而来；而一旦判断失误，那么就启用古老而可靠的保护伞——下一份止损单吧。

☑ 何时卖出

投资者常常会过早地从股市中离场，原因是，他们已经持有股票很长一段时间，等待的就是股票交投活跃，价格上涨的时刻，所以会在股价第一次上升阶段就匆忙地全部卖出，但实际上，这样做是错的。关于这一点，看一下阿奇逊公司（Atchison）、美国电报电话公司（AT＆T）和纽约中央公司（New York Central）的转向图，你自然就会明白。

还有这样一类投资者，他们总是离场太迟，因为当大涨势来临时，他常捂着股票不放手，寄希望于股价能再创新高。可事实上，股价永远也不会到达他希望卖出的价格。于是，当股价开始第一次快速下跌时，他决定如果股票再次上升至前一个高点，就出货。结果，股票确实上扬了，但没有到达前一个高点，随后便调头下滑，创出新低，此时，他再次在心里划定了一个他愿意卖出的价格，但这仅仅是一个"希望"而已。此后，他眼睁睁地看着股票越跌越低，最终在股票已经从顶部跌了一大段后才沮丧地清仓出货。永远等到看出趋势发生变化时再抛售股票，这并没有错，但问题是，一旦你确定趋势已在改变，就应做到毫不迟疑地清仓。对于这种类型的交易者来说，最好的规则就是使用止损单，即使委托价与期望的价位尚有10~20点的距离也不要迟疑。

☑ 延误的危险

在华尔街，向来是行动派赢利，拖延者受穷。光依靠内心的希望起不到任何作用，它根本不能让你在博弈中获胜。凭希望去赌一把的人总是会输到倾家荡产，所以，你必须停止依赖这种毫无用处的希望，多用脑子思考。而且，思考也只是前提条件，你更需要做的是在正确的时间切实行动起来，否则再多的深思熟虑也没用。知道该什么时候行动，却又不动手，这同样于事无补。延误总是危险的。在市场中，犹豫或延误行动的时间越长，做出的判断就越糟，也就越可能犯错误。停滞意味着死亡与毁灭，行动才代表着生命与活力。无论是否看对了行情，光想不动，都无法保本赚钱。所以请记住，立即采取行动，比只盼着天降横财要好很多。切忌不要在你感到忧虑或沮丧的时候进行交易，因为身心不适容易使你的判断出错。保持

投资并非一个智商为160的人就一定能击败智商为130的人的游戏。
★ 巴菲特

身心健康也是使投资者成功的规则之一，因为健康就是财富。

☑ 何时加码

加码有两种方法。其中一种是在市场取得突破进入新的波动区间，创出新高（新低）的时候立即加码买进（卖出）。在一个快速变动的市场中，当市场波动对你有利时，可以在每上涨或下跌3、5或10个点时继续买入或卖出，具体是多少点要看你所交易的股票类别或加码的方法来决定。我的方法是要判断调整的位置，以及股票已经从短期的顶部调整了多少点，或从短期的底部反弹了多少点。如果确实已经调整了3、5、7、10或12个点，你就可以在从顶部开始的调整中进行第一、第二、第三或第四次加码买进或卖出，这要根据过去的调整幅度等待3、5或10个点。反之，在熊市中这条规则亦然。如果你从1924—1929年在通用汽车（General Motors）这只股票上遵循这条规则，你就会发现你的加码比相隔许多点买进或卖出要安全一些。

我的加码时间规则是测定第一次重要调整的时间，它会在你加码时为你提供帮助。例如，通用汽车从1924年开始上涨时仅调整了3周，所以每次当它从任何顶部调整2~3周时买入比较保险，直至它形成最终的顶部且主要趋势发生反转为止。用这种方法测定调整的时间并计算出来相关数据，可以让你的利润得到大幅提高，使你紧跟股票的主要趋势，有时这种顺势行为甚至可以长达数年之久，而你常常可以从中获得100~200点的利润。就像其他规则那样，这条时间规则只适用于活跃的市场行情中，对成交活跃、价格高企的股票尤其有效。

无论你使用哪种方法加码，都不要忘记设置止损单来保护你的利润。你获得的利润越多，能承受的市场波动空间就越大，可以容忍的市场转熊或调整的空间也越大，换句话说，就是你可以让将止损单的价位设置得离目前的市场价远一些，这样市场的一次自然调整就不会对你的加码有所干扰。比如，假设你已经抓住了一只上涨的股票，而且与你最初的买价相比已有了100点的利润。如果这只股票之前曾有过回调20点的时候，那么它就有可能在不影响主要趋势的情况下再次回调20点，因此，你可以将止损价设置在低于市价20个点，这样一来，即使止损单成交，你的资本也不会遭受损失，充其量只是丢掉一部分账面利润罢了。不过，如果是在加码的早期阶段，你的止损点设置可能就必须紧贴市价，以此来保护你的初始资本。

☑ 想盈利多少

大多数股民投资买卖的目的都是渴望获得暴利，但他们从未好好算过，如果在10～20年的时间中，每年获得25％的收益，意味着什么。假设当初投入1 000美元，每年获利25％，10年下来就是9 313.25美元。10 000美元，年增长速率为25％，10年就是93 132.70美元。由此你可以发现，如果一个人不贪图暴利又操作稳健，那么在不是太长的一段时期里积累一笔财富是绝对有可能的。许多来华

⌐复利有点像从山上往下滚雪球。最开始时雪球很小，但是往下滚的时间足够长，而且粘的足够紧，最后雪球会很大很大。
★ 巴菲特

尔街的交易者都梦想着在一周或一个月内让资本翻倍，实际上这根本就不可能。市场有时的确会存在一些绝佳的机会，让你可以在一天、一周或一个月内大赚一笔，但这样的机会实在是可遇不可求，就算你碰到了这样的机会，赚得荷包满满，也决不能因此想入非非，幻想每天都有这种好事。请记住，在大多数情况下，市场都在正常波动，这也就意味着，在大多数时候你都不可能获得超常的利润。许多炒股者在买卖一只股票时既不考虑他们获利的机会有多大，也不考虑损失的可能性有多大，如果你也是这样，下面这句话就应当成为你的炒股规则之一：如果你认为不可能获得多于3~5个点的利润，就不要进行买卖，除非你的止损单仅有1~2个点。通常情况下，为了获得可能的3~5个点的利润，而冒损失3~5个点的风险都是不值得的，至少要等到盈利的概率大于损失时，再抓住机会进行交易。当你认为仅可获利3~5个点时就不要入市，因为你可能判断失误，而赔钱的概率可能等同于甚至超过这个点数。最好是等到股票以某种方式穿越阻力位，而且进入了产生更大利润和更久涨势的区位。跑差价的人至多只能得到一点小小的甜头，而永远赚不了大钱。请记住，要想在股市获得成功，你的利润就必须永远大于损失，而你的炒股规则必须能减小损失，累积利润。

☑ 该追加保证金吗

在你完成一笔交易的同时也会存入相应的保证金，但如果之后股票的运行方向开始变得对你不利，而经纪人就此要求追加保证金，那么，大多数时候，你要做的是按市价卖出，或回补你的空头仓位，而不是放入更多的保证金。如果你已经存入了更多的保证金，那么就在你头脑清晰、判断力好的时候，把它用在新的或是有更充足理由的交易上。当交易者第一次追加了保证金后，90%的情况下，他都会死捂这只股票不撒手，然后就会接到第二个甚至第三个要他追加保证金的通知，而且只要还有钱他就会不断追加，直到这只股票上损失了他所有的资本。如果经纪人不得不通知你追加保证金，那么一定是有什么地方不对头，此时你最明智的做法就是清仓离场。

☑ 联名账户

　　如果不是万不得已，不要开联名账户，或与他人合伙炒股。当两个人拥有一个共同的账户时，他们可能在何时买入股票，或是何时卖空，甚至建仓的时机上都不会产生分歧，但麻烦接着就来了——在平仓时，由于各人对盈利的期望不一致，他们很少能在出手的时间和价格上取得一致意见，结果就会在退出交易时犯下错误：因为其中一个人不想退出，所以另一个人也只能选择捂住股票，最终市场发生了反转，原先的交易行情变得对他们不利了，这时，他们只能继续持仓，希望市场能出现转机，到头来，一只本可以使他们盈利的股票却让他们赔了钱。光是一个人炒股就已经不容易了，让两个人保持一致并在股市中共

如果你发现了一个你明了的局势，其中各种关系你都一清二楚，那你就行动，不管这种行动是符合常规，还是反常的，也不管别人是赞成还是反对。

★ 巴菲特

同操作只会使难度翻倍。两人合作炒股要想取得成功只有一个办法，那就是让一个人负责买进和卖空，而另一个人专门负责下止损单，其他什么都别管。这样一来，即使犯错，止损单也可以对他们两人都起到保护作用。此外，让一个人和他的妻子开设联名账户也不是什么好主意。出入市的行动应由一个人来拍板，这个人必须学习在股市中如何行动，尤其是如何迅速地行动，而且在操作中不受合伙人的影响。

☑ 炒股者心理探秘

　　普通投资者通常不愿听到让他们感到痛苦的事实，他们想看到的是那些能迎合他们希望的东西。当他们买入一只股票后，就相信所有的消息、传闻、评论和谎言都在支撑股票上涨，但如果给他看对这只股票不利的报告，或是有人告诉他关于这只股票的不利消息，他就会充耳不闻，视而不见。但是良药苦口，只有事实才能帮助他，他也必须相信事实，而不是那些可以为他构筑希望，却在最后带来损失的东西。一个炒股者在犯了一次错误后往往都会说："下次我不会再犯同样的错误了。"但他最终总是重蹈覆辙，这就是为什么我们经常在华尔街看到菜鸟们跟着老股民学习，结果却一再犯老股民们曾经犯过的错误的原因——在华尔街，人们很少谈论自己在股市赔钱的实情。无论是大户还是散户，总喜欢将自己挣钱的经历挂在嘴边，夸大他们的成功交易，而对如何损失赔钱则闭口不谈。因此，当无知的菜鸟初入华尔街时，总被迷惑得以为这里遍地黄金，俯拾可得，却从不曾听到故事的另一面，但恰恰是这些在华尔街如何蒙受损失的赔钱经验，才能真正帮助初入市的新手，防止他们犯下同样的错误。我要提醒随众入市的菜鸟们，在华尔街，90%以上的炒股失败都是因没有设置止损单和过度交易引起的。因此，要想在股市中赚钱，就必须按照一定的规则行事，这有助于战胜人性自身的弱点，而正是这些弱点导致了股市中无数人的破产。

☑ 战胜自我

很多炒股者赚钱时都感到喜不自胜，他们会认为自己拥有高超的判断力，而且很有本事。而当他们赔钱的时候，态度可就完全不一样了：他会找借口，安慰自己说其实本可以赚钱的，赔钱是因为发生了意外，再或是因为轻信了别人的建议，他们不停地怨这个，怨那个，找出各种"如果""而且""但是"来为自己开脱，但就是不会从自己身上找原因，总之就不是自己的错，而这正是他们一次次重蹈覆辙的原因。

> 很多事情做起来都会有利可图，但是，你必须坚持只做那些自己能力范围内的事情，我们没有任何办法击倒泰森。
>
> ★ 巴菲特

投资也好，炒股也好，你都要做到战胜自我。不管怎样，你的损失都是你自己造成的，是你在进行买卖而不是别人，所以，要从自己身上寻找造成亏损的原因，只有这样，你才能真正克服自身的弱点，取得成功。

造成炒股者赔钱的原因有很多，而其中一个主要原因就是，他们从不自己思考，而是让别人替他们思考，或者听从于别人的建议，而实际上，这些人的建议或判断并不比他们自己的高明多少。要想在炒股中取得成功，就必须亲自进行调查和研究。只有你从一只菜鸟变成了一名独立思考者，并不断丰富自己的炒股知识，才不会犯其他菜鸟犯过的错误——在不断催缴保证金的声音中走向屠场割肉出局。只有在你懂得独立、懂得帮助自己的时候，别人才能帮助你，或是告诉你如何帮助自己。

没错，我可以教给你这世上最好的炒股规则以及研判股票位置的最佳方法，但你还是会因为人性固有的弱点（当然也就是你最大的弱点），而输掉账户上的钱。你可能违背了规则，可能不是在客观事实的基础上作出判断，而只是凭希望和恐惧交易股票；你也可能犹豫不决，可能失去耐心，可能仓促行动，可能延误时机。是你自身的人性弱点导致了失败，但你却将责任推给市场。永远记住，赔钱是你自己的过错，不要将这一切怪到市场行为或市场操纵者头上，只有努力遵守规则，才能避免那些注定要失败的投机行为。

> ✎ 如何定义朋友呢：他们会向你隐瞒什么？
> ★ 巴菲特

> ✎ 如果你是池塘里的一只鸭子，由于暴雨的缘故水面上升，你开始在水的世界之中上浮。但此时你却以为上浮的是你自己，而不是池塘。
> ★ 巴菲特

第三章

挑选有独立行情个股的诀窍

当某些股票创新低时，另一些却在创出新高，它们开始走出独立于平均指数和板块指数的行情。如果你想可以在这些独立行情开始时就将其辨认出来，可以去研究过去几年来走势图的波动情况。

例如城市服务公司（Cities Service），1938年时，它的最高价是11美元，1939年时，最低价是4美元，1942年时的最低价是2美元，最高价是3.5美元。这只股票曾在11美元~2美元之间运行了四年，而且在1942午，它形成了仅为1.5美元的价格区间，这表明这只股票的抛压已很小，只有内部人士才愿意买进，这时，你可以抓住机会建仓，因为即使这只股票被摘牌（go off the board），你每股也只会损失2~3个美元。但前提是你要知道在什么时候买进，什么时候它是安全的，以及什么时候它表现出了一种确定的上升趋势。1943年，这只股票突破了1938年的最高价——11美元，这预示会出现更高的价格，你应该在此时立即买入，它的高低点都在持续走高，说明主要趋势必然向上。

1948年6月，这只股票的最高价是64.5美元，截至此时，从它表现出上升趋势后已上涨了53个点。当你在11美元买入后，只需设置一份3个点的止损单就能高枕无忧，而且你无需加码，就能有四五次机会让资金翻番。

1949年，这只股票的最高价达到48美元；1949年的最低价为38美元，仍处于1948年的价位之上。因为公司的盈利状况优良，所以只要这只股票可以在38美元之上的价位稳定住，就仍然能持续攀升。

☑ 买入一只股票而做空另一只

我曾经在第一章第三节的内容中讲过，在同一时刻，一些股票上涨，而另一些却在下跌。大多数时候，你可以在高位卖出一只股票，并在低位买进另一只，而最终这些股票的价格会逐渐靠拢，这样你就可以两头赚钱。

> 要量力而行。你要发现你生活与投资的优势所在。每当偶尔的机会降临，即你的这种优势有充分的把握，你就全力以赴，孤注一掷。
> ★ 巴菲特

☑ 美国无线电和百事可乐

1947年8月，百事可乐（Pepsi Cola）的股价为每股34.5美元，它的售价曾经达到过40美元，然后高点不断下移，根据所有的规则判定，它的趋势已经向下。假设你以32美元的价格卖空了100股百事可乐，与此同时，美国无线电

（Radio）达到了8美元一股，发出了在低价区获得良好支撑的信号。你以8美元的价格买进100股美国无线电，并在7美元处设置止损单，而在对百事可乐的卖空中，你可以在35美元处设置止损单，如果两个止损单都成交了，那么加上佣金，你所有损失也就是400美元。而实际上它们没有成交，百事可乐继续下跌，而美国无线电继续上涨。

1947年，美国无线电的最低价是7.5美元，运用我提出的100%上涨规则，我们预测美国无线电在15美元处会达到一个顶部。1948年6月，美国无线电果然上涨到15美元，但由于抛压沉重，未能突破这个阻力位，但是此时，你有充足的时间在15美元附近获利了结。

1948年，百事可乐的股价跌到了20美元以下，也就是从前一个最高价40.5美元下跌了50%。既然百事可乐已经跌破了这个重要的支撑位，你就可以继续做空，并将止损单的委托价下调至21美元。1948年12月，百事可乐的最低价降到7.5美元，跌到了它在1939年获得支撑的低价区，是时候在8美元回补百事可乐空头仓位了，这样做可以使你在百事可乐上获利24个点，并在无线电上获利大约7个点。事实上，百事可乐没有跌到7美元，而是反弹到12美元。而如果之前你在8美元的低价位买入百事可乐，并在7美元处下止损单，这个止损单也不会成交。

☑ 买入美国无线电的最佳时机

下面我们来看一下近几年来股市走势图上的最高点和最低点。1945年，美国无线电的最高价是19.625美元；1947年,其最低价是7.5美元，1948年，其最高价是15美元。7.5美元和15美元间50％的点位，即一半是11.25美元。上一个极限最高价是19.625美元，从这个高点下跌50％是每股9.81美元，即每股接近10美元。1949年6月14日，美国无线电跌至9.75美元，而到了6月29日仍处于9.625美元的低价，对于你来说，这绝对是一个机会，你可以在此时买进你本想在每股10美元建仓的股票，然后将止损单设在8.5美元。而你接下来要关注它什么时候会表现出强劲的上升趋势。当它穿过11.25美元的价位，并在这个价格之上出现拐点时，它就可以继续走高。下一个目标位是1949年的最高点15美元，和1945年的最高点19.625美元。如果美国无线电突破20美元，那么它就处于极强势，这意味着它会创出非常高的价格。我很看好美国无线电的未来，它前途无限，今后很可能成为真正的领涨股。

第四章

高价与低价间的百分比

我可以毫不夸张地说，发现如何计算平均指数和个股的顶部价位和底部价位之间的百分比，是我迄今为止最伟大的发现之一，这是因为，极限最高价位和最低价位的百分比可以预测出未来的阻力位在哪里。

每个底部价格都与某个未来的高价之间存在着一种关系，而且最低价的百分比预测着在什么价位会出现下一个顶部价，在这个顶部价位，你可以冒很小的风险卖出股票的多头仓位并做空。

不论是极限最高价或是任何小头部（Minor Top）都与未来的底部或最低价位有关，顶部区域价格的百分比可以告诉我们将来最低价会出现在哪里，还有那些你可以冒很小的风险买入股票的阻力位会出现在哪里。

最重要的阻力位是任何顶部价位或底部价位的50%，次之重要的阻力位是平均指数或个股最低价的100%，此外，200%、300%、400%、500%、600%或更高的百分比也应纳入考虑之中，具体选用哪个百分比取决于从最高价或最低价开始的价格和时间周期。第三个重要的阻力位是最高价和最低价的25%，第四个重要的阻力值是极限最低价和极限最高价的12.5%，第五个重

要的阻力位是极限最高价的6.25%，且仅限于平均指数或个股在非常高的价位
交易时使用,第六个重要的阻力价位是33.33%和66.67%，这两个百分比是仅次
于25%和50%之后应该重点关注的。

如果想判断出那些重要的阻力位会出现在哪里，你就应该准备好一张有
平均指数或你正在交易的个股的百分比表。

1896年8月9日，12种工业股平均价格指数的最低点是28.50点，这是一个
极限最低价，因此基于这个价格的百分比十分重要。

1896年8月8日，最低点28.50点	1921年8月24日，最低点64.00点
上涨　50%=42.75点	上涨　25%=80.00点
100%=57.00	50%=96.00
200%=85.50	62.5%=104.00
300%=114.00	75%=112.00
400%=142.50	100%=128.00
450%=156.75	125%=144.00
500%=171.00	137.5%=152.00
550%=185.50	150%=160.00
575%=192.75	162.5%=168.00
600%=199.50	175%=176.00
700%=228.00	187.5%=184.00
800%=256.50	200%=192.00
900%=285.00	212.5%=200.00
1000%=313.50	225%=208.00
1100%=342.00	237.5%=216.00
1200%=370.50	250%=224.00
1250%=384.75	275%=240.00
	300%=256.00
	400%=320.00
	500%=384.00

1932年7月8日，30种工业股票平均价格指数的最低点是40.56点，基于这个价格的百分比见下表：

1932年7月8日， 最低点40.56点	1933年7月18日， 最低点84.45点
上涨　　25％=50.70点	上涨　　100％=168.90点
50％=60.84	1933年10月21日，最低点82.20点
75％=70.98	上涨　　100％=164.40点
100％=81.12	1934年7月26日，最低点84.58点
150％=101.40	上涨　　100％=169.16点
175％=111.54	1938年3月31日，最低点97.50点
200％=121.68	上涨　　100％=195.00点
225％=131.82	1942年4月28日，最低点92.69点
250％=141.96	上涨　　12.5％=104.27点
275％=152.10	25％=115.86
300％=162.24	37.5％=127.44
325％=172.38	50％=139.00
350％=182.56	62.5％=150.58
375％=192.66	75％=162.16
400％=202.80	100％=185.38
425％=212.94	112.5％=196.96
	125％=208.45

最高价的百分比

1919年11月3日， 最高点119.62点	1933年7月18日， 最高点110.53点
上涨　　100％=239.24点	下跌　　25％=82.90点
200％=358.86	1937年3月8日，最高点195.50点
325％=508.385	下跌　　50％=97.75点
1929年9月3日， 最高点386.10点	1943年7月15日， 最高点146.50点
下跌　　50％=193.05点	下跌　　50％=73.25点
75％=96.52	上涨　　25％=183.27

87.5%=48.32   50%=219.75

1930年4月16日，   1946年5月29日，上一

最高点296.35点   个极限最高点213.36点

下跌　　50%=148.17点   下跌　　25%=160.02点

75%=74.08

87.5%=37.04

我们还可以计算出始于这些阻力位的其他百分比。

☑ 在50%以下价位卖出的股票

如果一只股票跌破了高顶和深底间的50%，即一半的位置，就必须引起我们的注意。若是在这个位置上它没能获得支撑并站稳，就代表着它的走势很弱，甚至会跌到高顶和深底间75%或更低的位置。

最高价的50%是个更重要的位置，如果一只股票跌破这个位置，就意味着它的走势很弱，之所以这样说是因为，如果它要获得支撑并上涨，那么它就会在从最高点下跌50%的时候企稳。记住，除非你看到了止跌的迹象，否则不要买跌破这个位置的股票。

☑ 经由市场证实的交易规则

上文中，我们已经计算了极限最高价和极限最低价的各种百分比，现在，要来计算一下极限最高价和极限最低价间的50%，即中点的价格点位。

例如：

1896年的最低点是28.50点，到1919年的最高点119.62点的50%，即中点点位是74.06点；1896年的最低点是28.50点，到1929年的极限最高点380.10点的50%，即中点点位是207.28点；1921年的最低点是64点，到同年最高点386点的50%，即中点点位是225.00点；1930年的最高点是296.25点，到最低点64点的50%，即中点点位是180.12点，最低点28.50点至最高点296.25点的50%，即中点是162.37点。1937年的最高点是195.50点，到最低点28.50点的50%，即中点点位是112点；1937年的最高点是195.50点，到1938年的最低点97.50点的50%，即中点点位是146.50点；1932年的最低点是40.56点，到1946年的最高点213.36点的50%，即中点点位是126.96点；1942年的最低点是92.69点，到1946年的最高点213.36点的50%，即中点点位是153.02点。

所有这些阻力位的数据计算结束之后，我们来验证它们在估算顶部和底部时所起的作用。截至1919年，道琼斯30种工业股平均价格指数的极限最高价为119.62点。1921年后，指数从底部的64点开始上涨，我们可以看到从64点上涨87.5%是120.00点，这意味着过去的顶部以及这个阻力位十分重要。当指数穿越这个大顶，我们就要在64点的百分比表中查找还有可能会成为顶部的那些阻力位。我们看到指数上涨500%是384.00点。1929年9月3日，平均指数在386.10点达到一个大顶，查看一下最低点28.50点的百分比表，我们会发现指数上涨1 250%时是384.75点，接下来根据过去的最高点119.62点计算重要的百分比时，我们发现从119.62点上涨225%是388.50点，这意味着指数在384.00点、384.75点和388.50点有三个阻力位。平均指数曾达到386.10点的极限最高价，但最高收盘价是381.10点，3日图和9点摆动图都说明市场在这些重要的阻力位形成了头部。

　　在指数到达极限最高点之后，接下来要做的就是计算重要的支撑位和买点会出现在哪里。运用规则3可知最高价的50%这个位置非常重要，386.10点的50%为193.00点，也就是说这是一个支撑位和买点。指数从1929年9月的最高点开始了有史以来速度最快的下跌，至11月13日到达最低点195.35点，正好在前面计算出的支撑位上方的2.5点处获得支撑，并在此形成买点。由于市场没有正好跌到50%的位置，所以它仍处于强势。接着，我们再次运用同样的规则在最低点195.35点上加上50%，就得到293.02点，这可能是个反弹的目标位和卖点。

　　1930年4月16日，最高点为297.25点，仅比293.02点这个重要的阻力位高出4点多一点，市场没有穿越5点以上，根据规则2，市场必须在阻力位之上5点，或在以往一个底部或阻力位之下5点，才能算得上是有明确的转势迹象。

　　根据3日图和9点摆动图，在这个头部形成，而且趋势转而向下之后，我们接下来就要计算出最低点195.35点和最高点297.25点间的50%即中点的位置，得出结果是246.30点。如果市场跌破这个位置，接下去就可能跌得更低。你会注意到上一次反弹在1930年9月10日创出最高点247.21点，刚好在这个50%即中点的位置之上，之后，11月13日的最低点195.35点也失守了，而且指数还跌穿了193点，也就是386.10点的一半，这说明市场处于弱势，还会继续走低。此后，市场持续下跌，偶尔有几次正常的反弹，指数最终在1932年7月8日到达40.56点这一极限最低点。如果我们将386.10点减去其87.5%，那就是48.26点，然后看一下从极限最低点28.50点开始上涨的百分比表，就会发现上涨50%时的42.75点是一个阻力位。如果我们将1921年的最低点64.00点减去其37.5%，就会得到40.00点这样一个支撑位。回顾1897年4月8日的最高点40.37点，在3日图上指数在1897年6月4日突破该点，这使大势反转向上，平均指数直到在1932年7月8日的40.56点筑底以前，从未跌到过这个位置。

从40.56的极限最低点开始，我们要计算出第一阻力位在什么位置上：我们在40.56上加上其100%，就得到了81.12点。

1932年9月8日，平均价格指数反弹至81.50点，正好在50%这个重要的位置处做头。

1933年2月27日，最低点49.68点，这是第二次下跌的最低点。在百分比表中你会看到，从40.56点上涨25%是50.70点，这是一个十分重要的支撑位，平均价格指数正好在这个位置下方1点处筑底，随后，市场重新恢复上扬。

1933年7月18日，最高点110.53点。平均价格指数在这个位置做头的理由是什么？因为从40.56点上涨175%是111.54点，这是个很重要的阻力位，而从最低点64.00点上涨75%是112.00点，在这个位置上成交量大幅增加，这足以证明它是个重要的阻力位和卖点。而且时间周期也表明市场将见顶回调，因为此时距1932年7月的最低点已经隔了一年的时间。

同样的规则也可以被应用于110.53点的最高点上，将这个顶点数值减去25%，就得到了82.90点这个支撑位和买点。见顶后的三天是历史上市场下跌最迅速的时期之一，平均指数在7月21日创下最低点84.45点，正好在这个重要的支撑位之上。然后，一波反弹随即出现，如果你在这个时候买入股票，就可以在平均价格指数反弹至107.00点的时候卖出了。

1933年10月21日，最后一个极限最低点是82.20点，比支撑位82.90点低将近1点，截至1949年6月30日我撰写本书至此，这是平均价格指数最后一次出现在这样低的位置上。将82.20点加上100%，就得到了164.40点这个重要的阻力位。

1934年7月26日，最低点84.58点。市场第三次运行到这个低位附近，这预示着一轮大牛市即将到来，因为指数收在了从最低点40.56点上涨100%的位置上方。大牛市如期而至，指数持续上扬，直到突破1933年7月的最高点110.53点。大概市场突破这个位置后，我们接下来要做的就是算出平均价格指数下一步将运行到什么位置。我们知道，386.10点的50%是193.05点，1929年11月的底是195.35点，1931年2月24日平均价格指数在196.96点处见顶，由此可见，合理的阻力位和卖点可能出现在193点~195点之间。

1937年3月8日，最高点195.50点，正好处在以往的顶和底的50%的位置，通过3日图和9点摆动图也可以判定这是最后的高点。接下来，我们希望能计算出下一轮下跌的合理位置：运用相同的规则，将195.50点减去其50%得到97.75点，便得到了一个支撑位和买点。

1938年3月31日，平均价格指数创下97.50点的最低点。随后，另一轮牛市上演了。

1938年11月10日，最高点158.75点，相对之前一个最低点上涨了62.5%。从这个位置开始，大势调头向下，平均价格指数跌破了50%这个关键位置，而且持续下跌，在主要的波动中，指数的高低点不断下移，最终又回到了110点以下，并跌破了97.50点。

1942年4月28日，最低点到达92.69点，比1938年的最低点还低3点，但这里却是个好的买点，因为这里是三重底，我们可以通过3日图和9点摆动图确定这一点。这是一轮大牛市即将上演前购买股票的绝佳时机。我们可以经由这个最低位置计算出92.69点的各个百分比：上涨50%为139.00点，上涨12.5%为104.27点，即第一个重要的阻力位。

1942年8月7日，前一个极限最低点是104.58点，指数正好处在104.27点这个重要的支撑位之上，从213.33点~104.27点的50%是158.80点。

接下来我们要计算出平均价格指数反弹的重要阻力位。92.69点~195.50点的50%是144.09点，1937年的最高点195.50点至1938年的最低点97.50点的50%为146.50点。

1943年7月15日，最高点146.50正好处在这些让指数见顶回落的重要阻力位上，结束于7月结束的时间周期也说明市场见顶，随后的一轮调整同1933年7月时的情形如出一辙。虽然平均价格指数回落了，但还不至于跌到足以显露出大势转身向下的地步。请注意，从92.69点上涨37.5%是127.44点，这个位置从未跌破过。1943年11月30日，平均价格指数到达最后一个底128.94点，随后，当指数开始上涨并向上穿越146.50点，也就是前一个顶部和重要的阻力位时，它预示着下一个阻力位就是1938年11月10日创下的158.75点的顶部。如果平均价格指数突破了这个阻力位，那就等于说它下一个重要点位就是上涨50%时的193.00点~195.00点。

1945年8月，当第二次世界大战结束时，平均价格指数已经在7月27日创下最低点159.95点；当指数穿越了以往的顶部，就说明它即将大涨。果不其然，市场持续上扬，平均价格指数最终突破了195.50点，且后市向好。第一个重要的百分比阻力位为207.50点，即28.50点~386.10点间的50%。1946年2月4日，平均价格指数在207.50点做头，并在2月26日迅速回调至184.04，随后又穿越了208.00点。下一个最重要的阻力位是极限最高点386.10点至极限最低点40.56点间的50%，即213.33点，而平均价格指数在1946年5月29日见顶213.36点，正好是这个重要的50%位置。此外，还要注意，从40.56点上涨425%是212.94点，说明这里是个双重重要的阻力位。

将最高点213.36点减去其25%，我们就得到了第一个阻力位和买点，即160.03点。

1946年10月30日的极限最低点为160.49点；1947年5月19日的最低点为161.32点；1949年6月14日的最低点为160.62点，市场三次在这个重要的支撑位筑底，而且指数均站在了159.95点的上方，这是1945年7月27日的最后一个底位。

从这三个强支撑位，平均价格指数在1948年2月11日构筑了一个更高的底部，并上涨到1948年6月14日的194.94点。这又一次回到了过去50%的卖出位，之所以这样说是因为过去这个位置作为顶部与底部已出现了多次，这个卖出位可以从3日图和9点摆动图中得到确认。

☑ 道琼斯30种工业股票平均价格指数的当前位置

平均价格指数第三次在213.46点下跌25%的位置获得支撑，而且曾在1945年7月27日见底159.95点。如果平均价格指数跌破这些水平并收在其下，那么就可能跌至40.56点上涨275%的水平，即152.00点，而下一个支撑位会是146.50点，这是以前的顶部以及重要的50%点位置。

1942年，最低点为92.69点，1946年，最高点为213.36点，其50%即中点的位置是153.02点。

截至本书写至这里时，即1949年7月19日，平均价格指数已经穿越了175点，直指177.5点。这将是一个阻力位，因为它是160.49点至194.49点的50%，所以，从大约177.5点起，平均价格指数可能会有一轮回调，但是幅度不大。而一旦平均价格指数穿越182.5点，即1949年1月7日的最高点，市场还将迎来大幅上涨。

当平均价格指数到达重要的阻力位，或上涨至以前的顶部，或下跌至以前的底部时，你就应当运用我给出的所有规则对自己所交易的个股的位置加以研究。

☑ 让市场数据自己说话

研究股票市场时，既不能先入为主，也不能凭希望或恐惧进行交易。要记得研究三种重要的因素：时间、价格与成交量，同时不要忘记研究我所说的那些规则并在实践中灵活运用。当规则表明市场正在发生转势时，你要记得灵活应对，要让市场的活动数据自己说话，并只按根据规则得出的确定结论进行股票交易，只有这样你才能获利。

> 如果你能从根本上把事情所在弄清楚并思考它，你永远也不会把事情弄得一团糟。
> ★ 巴菲特

第五章

短期价格调整的时间周期

当指数出现暴涨或暴跌的时候，你常常会听到人们说市场该进行调整了。这种情况若是在上升的市场中出现，就说明市场已经超买，空头仓位已经回补，而且市场的技术处境已被削弱，因此，必须要进行新一轮的价格调整。这种调整可能历时很短，但却迅速而剧烈，而股价的急速下跌会使股民感到恐慌，从而失去信心，认为市场会跌得更低，但事实上此时短时间内的小幅直降已经修正了市场的技术面，它反而会由弱转强。

反之亦然。当市场已经下跌了一段时间后，因为市场中的空头仓位积聚过多，所以多头已在这个技术上处于弱势的市场中完全消失，然后由于空头回补，市场在短时间内急速反弹，这让一些买方产生了盲目的自信，结果正好买在反弹的顶部。他们判断涨势还将继续，可此时市场的技术处境已遭削弱，而且这场急速反弹已经变得对空方有

如果某人相信了空头市场即将来临而卖出手中不错的投资，那么这人会发现，通常卖出股票后，所谓的空头市场立即转为多头市场，于是又再次错失良机。

★ 巴菲特

利，最终大势继续向下。

要想不在市场的趋势判断上犯错，就必须时刻牢记要按所有的规则行事。要记住，当你真的犯了错误，或是发觉自己错了时，立即离场才是上上之选，当然，最好还是在进行交易时设置止损单来保护你的资金。在市场的上升过程中，要时刻铭记曾出现过的最长的下跌时间周期，或最长的调整周期；而当市场下跌时，则要牢记熊市中出现过的最长的反弹时间周期。这些时间周期可以帮助你研判市场的趋势，而这正是我要回顾这些市场变化，并指出那些导致陡直而迅速的反弹和下跌，以及使市场运动趋势终止的时间周期的原因。所有我在前面概括过的主要趋势还在继续，而接下来要提到的这些价格都是道琼斯30种工业股票平均价格指数。

1914年7月30日，由于第一次世界大战爆发加上抛压沉重，纽约证券交易所曾经停盘闭市，直到1914年12月12日才恢复交易，而当时巨大的套现盘一度使指数跌到了许多年中的最低位。

1914年12月24日，最低点为53.17点。从这个最低位开始，股市持续上扬，原因是当时正处于战中，我们接到了大量订单，上市公司因而大发横财。直至1918年11月11日第一次世界大战结束，这轮牛市仍持续了大约一年的时间。

1919年11月3日，道琼斯30种工业股票平均价格指数达到了最高点119.62点，这是当时的历史最高点，即从53.17

点开始，上涨了66.45点。正因如此，当1919年11月3日以后，尤其是市场在已经持续上涨了5年时间之后，出现了陡直而快速的下跌时，你就应当知道这可能是市场到达最后的顶部，反转向下的信号。股市持续下跌，一直跌到了1921年8月24日63.90点的最低点，整轮下跌行情共持续了近22个月，期间偶尔出现过几次正常的反弹。从1921年的这个最低点开始，大势调头向上，直至1923年3月20日的最高点105.50点，共上涨了19个月。然后又从这个最高位开始，出现了一轮下跌行情，直到跌至1923年10月27日的最低点85.50点，也就是从3月~10月这七个月的时间里下跌了20个点。这种下跌很正常也很自然，你常常会在9点摆动图上看到20、30、40等点数的涨跌，不过，20个点是正常市场中一种常见的变动幅度，因此，这是在所有的走势图上，特别是3日图上需要检查的地方，要在这个位置上注意观察趋势的变化。注意第一次陡直而快速的下跌，这仅是做了一次调整，它预示着趋势还会继续向上。

1924年2月6日，最高点101.50点。市场从前一个最低点上涨了16点，但还没有穿越1923年3月20日的顶部，这预示着市场还要创新高。

5月14日，最低点88.75点，比1923年10月27日的最低点85.50点高出3点以上，这表明市场获得了更好的支撑，可以看高一线。这次下跌共持续了69天，而由规则8我们可知，市场变动的周期常常介于60~72天之间。

1925年3月6日，最高点123.50点，超过1919年的最高点119.62点近4个点。根据我为大家提供的规则可知，价格必须超过前一个最高点5点或5点以上，才是市场将继续向上的确切信号，然而，这仍然是股价将继续走高的第一迹象。但是，调整接着就会出现，因为市场从前一个最低点85.50点开始大盘就一直在上涨。

1925年3月30日，最低点115.00点，指数下跌了8.5点，而不是10点，所以，这次调整是正常的，市场仍处于强势之中。更何况，平均价格指数没有跌到1919年的最高点119.62点以下5点的位置，说明市场还会继续上扬，这个仅持续了24天的调整充其量只是牛市中的一次小小回档而已。

1926年2月11日，最高点162.50点，从前一个最低点115.00点上涨了47.50点。时间跨度是355天，市场是时候进行调整了。

1926年3月30日，最低点135.25点，历时17天，指数下跌了37.25点。这次下跌的速度远远超过每日1点的水平，这在牛市中属于合理调整，趋势将继续向上。

1927年10月3日，最高点199.78点，在186天内指数上涨了60.25点。平均价格指数正好位于200点下方，由规则3可知，在100点、200点、300点以及其他所有的整数关口，总会存在着大量的抛压和某种阻力。这预示着市场将会出现一次调整，而实际上，这次调整的确即将到来。

1927年10月22日，最低点179.78点，在119天中指数下跌了20点。这是一次调整，随后就是新的一轮涨势，很快指数又穿越了200点，这表明指数将要创新高，因为市场已经进入了新的高价区。

1928年11月28日，最高点299.35点，在403天中指数上涨了119.50点，刚好处在300.00点这个阻力位之下，这时市场应当出现一次调整，特别是指数从前一个底部已经上涨了1年多的时间了。

1928年12月10日，最低点254.50点，在12天内指数下跌了44点。自1921年8月的大牛市开始以来，这是所有调整中最为急剧的一次。实际上，指数并未在这次陡直而迅速的下跌之后走低，而是开始构筑一个更高的底部，这表明调整阶段已经结束，股指将会继续上扬。

1929年3月1日，最高点324.50点，在81天内指数上涨了70点。这个指数接近325点；这是一个存在抛压的整数关口位置，于是，一次新的调整又出现了。

1929年3月26日，最低点281点，在25天内指数下跌了43.5点。请注意，这次下跌的幅度与1928年11月28日~1928年12月10日出现的那次下跌几乎相同。市场以同样幅度的下跌在这些位置上获得了支撑，此后又将开始新一轮的升势。

1929年5月6日，最高点331点，在41天内指数上扬了50点，市场已经创出新高，这意味着调整过后，市场指数还会走得更高。

5月31日，最低点291点，在25天内指数下跌了41点，这次下跌所用的周期与前一次下跌相同，但市场构筑的底部比前一个底部高出10点，这说明市场获得的支撑更强而且大势仍然向上，所以它会继续上扬。

1929年9月3日，最高点386.10点，在95天内指数上涨95点。按照我们的规则，快速上扬的市场会每天上涨1点左右，而事实证明，这是本轮大牛市中的最后一个最高点。与这场大牛市相伴而来的是因巨大的买盘所带来的历史上最大的成交量，实际上，世界各地都出现了大得离谱的巨大买盘；除了1921年8月市场刚开始上涨的一小段时间内还属正常外，从1921年8月~1929年9月这八年多的时间里市场从64点上扬到386.10点，这就不正常了。这时本该观察到牛市尾声信号，信号也终于出现了，可它出现得太过突然，让人措手不及。这里可以研究一下3日图，在图中找到第一次信号出现的位置。投资者持仓过重，几乎所有的做空盘都被回补，所以当大家纷纷开始抛售时，就没有了买家，因此一场大面积的崩盘就无可避免地发生了。

1929年11月13日，最低点195.50点，在71天内指数下跌了190.60点，创造了有史以来在最短时间内出现的最大跌幅。这是在短时间里从超买市场开始的调整，按照规则，随后出现了一场发生在第一次骤降后的反弹。这种次级反弹（Secondary Rally）总是在市场持久的上涨和骤降之后出现，所以，在熊市里，在骤降之后会首先会出现一次迅猛的反弹，然后是一波次级下跌，形成最后的底部，随后大势反转向上。

1929年12月39日，最高点267点，在27天内上指数涨了71.5点。这是一场因空头回补导致的上涨，是一次在超卖条件下的骤升，所以必会出现一次正常的快速回档。

1929年12月20日，最低点227点，在11天内指数下跌40点。这次下跌速度太快，所以一定有反弹。

1930年4月16日，最高点297.5点，指数在154天里从11月13日的最低点处上涨了102点，这是大熊市中，总是出现于大涨势之后的次级反弹。注意第一个骤降的信号，它代表反弹结束，可以开始做空了。看看3日图，你就会注意到它是如何给出反弹结束的信号。指数继续下跌，一直跌至1930年10月22日的最低点181.50点，在188日内下跌了116.5点，期间仅出现了几次很小的反弹。就像现在这种情况一样，指数跌破1929年11月13日的最低点就说明熊市仍在继续，而当市场超卖后，必然会出现陡直而快速的反弹。

1930年10月28日，最高点198.50点，指数在16天内上涨了17点。按照我们的规则我们知道，正常的反弹会运行20点左右。照此来说，指数未能在16天内上涨20点说明市场仍处于弱势，还会继续走低，而事实也果然如此。

1930年11月11日，最低点168.50点，在13天内指数下跌30点，这是一次非常快速的下跌。正是因为股价走低，套现压力增大，所以，在所有的骤跌之后，一定会出现短时而快速的反弹。

1930年11月25日，最高点191.50点，在15天内指数上涨33点。这次反弹陡直且而快速，而且股价上涨得极快，但它并没有达到1929年11月11日的最低点195.50点，这说明市场很弱，指数还会走低。此外，反弹后的指数仍然低于

1930年10月28日的最高点198.50点，说明大势仍然向下，而这次反弹在熊市中只是昙花一现。

☑ 长期下跌后的套现盘以及熊市中的急速反弹

1930年12月2日，最高点为187.50点，市场从这个较低的顶部开始了下跌。在这最后一浪的套现盘中，因为大家持仓以盼的牛市没有出现，所以跌势分外惨烈。

12月17日，最低点154.50点，15天内指数下跌了33点。这次下跌几乎是日跌2点，比正常的下跌快得多，因此，在过去的支撑位以及150点以上，会出现一个支撑点，随后还将出现一波反弹。

1931年2月24日，最高点196.75点。注意，这个点位接近1929年11月13日的底部，而且低于1930年10月28日的最高点。借由我们的规则：顶部会变成底部，底部会变成顶部，以及当市场到达以往的这些位置时会出现买卖点，我们知道，这里会形成正常的阻力位和卖出点。从1930年12月17日~1931年2月24日时间跨度是69天，与1929年12月3日~11月13日历时71天的下跌相比，这个跨度验证了规则8，即67天~72天的时间周期。在1931年2月24日的这个顶部，指数从1930年12月17日的最低点上涨了42.25点。这场熊市中的快速反弹很快就消失了。看一下3日图，你可以看到它是如何给出指数走低的信号的，是自1929年以来市场振荡的高低点依次下移造成了指数的不断下跌。每个顶部都比前一个低一些，而底部则走得更低，所以，大势仍然向下。

1931年6月2日，最低点119.60点，市场跌到了1919年的最高点。由规则可知，因为过去的底部变成了现在的顶部，而过去的顶部变成了现在如今的底部，所以反弹定会出现。由于指数已经从1931年2月24日的最高点下跌了77.25点，用时98天，所以，我们可以期待在这个位置上出现一次反弹行情。

1931年6月27日，最高点157.50点，指数在25天内上涨了37.90点。这个价位只比1930年12月17日的底部高出3点，而规则里说的是5点，所以，这是一个卖点，特别是这次上涨的时间很短，我们更该采用卖空操作。

1931年10月5日，最低点85.5点，在100天内指数下跌了72点，与上一次下跌所持续的时间几乎相同。

1931年11月9日，最高点119.50点。这相当于回到了1931年6月2日的最低点，以及1919年的顶部，于是这里便形成了一个卖点。这次反弹历时35天，上升幅度是34点。根据规则12，一次快速的反弹大约是每天上涨1点。因此，你应当趁反弹再次做空，查看一下3日图，你就会发现趋势再次调头向下的信号。

1932年2月10日，最低点70点。这次快速下跌的时间跨度是92天，指数下跌了49.5点。

1932年2月19日，最高点89.5点，在9天内指数上涨了19.5点，比1931年10月5日的最低点高4点，因此是一个卖点。市场减缓涨速，并在这个水平附近遇阻，通过3日图可知，市场已经见顶，要开始新一轮下跌了。

☑ 大熊市中最后的套现

1932年3月9日，最高点89.5点，与2月19日的价位相同。这次最高点与前一个最高点相距18天，市场同样在2月19日的最高点受阻说明指数将进一步下跌，除非平均价格指数能够收在这些位置之上，但市场没有做到。

1932年7月8日，最低点40.56点，在121天内指数下跌了49点。1932年3月9日～1932年7月8日，这段时间内最大的反弹是7.5点和8点，没有达到10点，由我们的规则可知，这是规模最小的反弹。这些反弹的持续时间从未超过1、3、4和7天。上一个从6月9日的最低点44.5点至6月16日51.5点的7日反弹，只用了7天时间就上涨了7点。

自7月8日的最低点算起，第一个反弹维持了8天，指数上涨了5点，然后是一次历时3天的调整，而市场仅下跌了2点的平均指数。从此，市场开始了一轮伴随着3天和5天调整的迅速反弹，直到1932年9月8日的最高点81.50点，指数在62天的时间里上涨了41点。就百分比上来说，这是一次平均价格指数上涨100%的上升行情，由规则8可知，这些次级下跌或上涨持续时间为60～67天。

从1930年4月16日的最高点开始，最长的反弹历时69天。而大多数反弹用时是25、35和45天，这些是熊市中最高的反弹。

从1929年11月13日～1930年4月16日，历时154天，指数上涨101.25点。

1932年9月8日，最高点81.5点，市场随后出现了一轮陡直的调整。10月10日，最低点57.5点，在32天内指数下跌了24点。在经历了这次调整性倒退之后，市场又进入了一轮中级级别的反弹行情。

☑ 9月8日最高点后的次级下跌

1933年2月27日，底为49.50点，在172天的时间里指数下跌了32点，在时间周期上堪比1930年4月16日达到的那次历时154天的次级下跌。这轮次级下跌后，罗斯福——这位美国历史上唯一一位蝉联四届的总统宣誓就职，开始了他的首届任期，并且关闭了所有的银行。等到各银行重新开业后，一切都开始上涨。后来我们启动了金本位，这是具有通货膨胀意义的政策，之后股价伴随着巨大的成交量继续上扬，这说明大势向上，牛市开幕。在经历了这些调整市场技术层面的次级下跌之后，与市场第一次反转向上时从底部开始的第一次上扬相比，市场的上升速度往往更快，涨幅也通常更大。

1933年7月18日，最高点110.50点，在144天内指数从2月27日的最低点上涨了61点。这轮上升以放大了的成交量为基础，市场开始超买。这时，谷物和其他商品的大炒家，同时也是股票的大多头的E.A.克劳福博士（Dr.E.A.Crawford）宣告破产。E.A.克劳福博士败落后，商品期货市场的沉重抛压引发了股市的套现狂潮，结果一场自1929年以来市场在短短3天时间里最为猛烈的下跌爆发开来，同时这也是一轮短时间内的急剧调整。

7月21日，最低点84.45点。3天内价格指数下跌26.08点，但仍然维持在1932年9月8日的最高位之上，这说明市场的支撑良好，而且在这样一轮由于沉重套现盘而引发的骤跌之后，市场必将形成一次反弹，这将成为一个好的买点。

☑ 次级反弹

当市场见顶并有了第一次骤跌之后，总会出现一轮次级反弹把指数推上极限最高位附近，而如果反弹的高度大大低于第一个极限顶部，就说明市场的走势已经非常弱。

1933年9月18日，最高点107.68点，62天内指数上涨了23.23点。这个点位低于7月18日的最高点3点，而3日图告诉我们趋势很快就将反转，大盘果然再次调头向下。

1933年10月9日，最高点100.5点，10月21日最低点82.20点，12天内指数下跌了18.25点。这场短时间内的急剧下跌跌幅不到20点，说明市场的支撑良好。这里是指数在1933年至1949年的上扬中，到达过的最低位，同时，它也是另一场牛市的开端。从1933年7月18日的最高点跌至10月21日最低点历时95天，而通过规则8我们知道，上涨或下跌常常持续90~98天。

☑ 急剧调整

1934年4月20日，最高点107.50点。这比1933年和1934年的顶部要低。

1934年5月14日，最低点89.50点，指数下跌了18点，历时24天。市场再次下跌的幅度与1933年10月21日的跌幅相当，没有超过20点，这表明指数正在获得有效支撑，并将开始走高。

☑ 最终底部来临

1934年7月11日，最高点99.5点。

1934年7月26日，最低点84.5点，15天内指数下跌了15点。借由规则12可知，一场急剧下跌的行情，通常每天下跌1点左右，由于指数低于每股100美元，因此可以判定这是一个正常的市场中出现的一次正常的下跌。从1933年7

月18日的最高点开始，市场已下跌了一年多的时间，该开始转势了。看一下3日图，你就会知道它是如何指明市场已经见底，而且突破了3日图上的顶部之后，趋势已经反转向上的。实际上，上一个重要的顶部是7月11日的99.5点，而突破了100点往往就预示着指数将要继续走高。

1934年7月26日是另一轮大牛市的开始，而且指数站在1933年10月21日的最低点之上2点，这个事实说明，市场是1932年开始的牛市的继续。

1935年2月18日，最高点108.5点，指数恰好高出1934年4月20日的顶部1点，这是个阻力位或卖出点。

1935年3月18日，最低点96点，28天内指数下跌了12.5点。这是一次震荡幅度略超10点的正常调整，它说明市场的支撑良好，指数随后还会上扬。

1936年4月6日，最高点163.25点，从1935年3月18日的最低点开始，指数上涨了一年多的时间，是时候进行修正性调整了。

1936年4月30日，最低点141.50点，24天内指数下跌了21.75点，市场在此获得了支撑，而且在3日图上显示出了向上的趋势。指数下跌刚过20点，说明这不过是牛市中的一次正常调整。

1936年8月10日，最高点170.50点，指数再次到达需要调整的高度。

8月21日，最低点160.50点，在11天内指数下跌了10点。这是一次正常的调整，因为大势仍然向上，所以此时应该买进。

☑ 牛市中最后的顶部

1937年3月10日，最高点195.50点。指数到达了1929年11月的最低点，而且这个点位正好低于过去的顶部，对于将要出现最后的顶部的市场而言，这自然形成了一个阻力位和卖点。牛市开始于1932年7月8日，指数在56个月里总共上涨了155点，这场牛市的最后一段开始于1934年7月26日，直至1937年3月10日收场，共历时31个月零12天，涨幅是110点。3月10日下开始，由3日图和所有的规则可知，市场必然已经形成了最后的顶部，而且大势已经调头向下。然而，我们还知道市场在到达最后一个顶部后会肯定还会出现次级反弹。

☑ 熊市中的次级反弹

1937年6月14日，最低点163.75点，指数下跌了32.75点，从3月10日算起，时间周期是96天。根据规则8，这是一种正常的时间长度，所以，是时候出现次级反弹了。

1937年8月14日，最高点190.50点，在61天内指数上涨了26.75点。60天左右是一个重要的时间周期，而且这与1932年7月8日牛市结束后的次级反弹的时间周期一致。指数比3月10日的最高点低5点，这说明市场处于弱势，不久之后，大势就调头向下。

1937年10月19日，最低点115.50点，指数从3月10日的最高点下跌了80点，从8月4日的最高点下跌了75点，而且跌到了1919年的老底以下，但并没有超过5点。在超卖条件下，一轮快速的反弹来临了。

10月29日，最高点141.50点，指数在10天内上涨了26点，但这次上扬很快就结束了，因为3日图随即就显示出盘将继续下行。

☑ 熊市中最后的套现

要记住，时刻留心最后一次下跌或最后一次上涨，因为它是多空搏杀的最后结局。

1938年3月15日，最高点127.50点。

1938年3月31日，最低点97.50点，16天内指数下跌了30点，也就是说，大约平均每天要下跌2点，这个跌速实在是太快了。这场开始于1937年3月10日的下跌已经持续了一年多的时间，而且价格指数从最高点算起已经下跌了50%。对于研判大盘的转势来说，这种百分比始终非常重要。

1938年7月25日，最高点146.50点。反弹的时间周期从5月27日算起是65天，涨幅是40点，该是大盘进行修正性调整的时候了。

1938年9月28日，最低点127.50点，9天内指数下跌了19点。这是一次正常的调整，由我们的规则可知，在一个正常的市场中，这种下跌或上升的行情幅度通常在20点上下浮动，这里会再次成为牛市中进一步上扬的买点。

☑ 短暂牛市的结束

1938年11月10日，最高点为158.75点。从3月21日算起，这轮行情的时间周期是224天，涨幅达到61.25点，这预示着一轮陡直而快速的下跌就要到来了。

11月28日，最低点136点，指数下跌了22.75点，历时18天。回调的幅度超过20点，就说明牛市已经结束，而进一步的下跌即将来临。

☑ 急剧下跌与调整到位

1939年3月27日，最高点为143.50点。

1939年4月11日，最低点为120点，15天内指数下跌了23.5点。这是对市场超卖行情的彻底调整，并为更高的反弹夯实了基础。

从1938年11月10日~1939年4月11日，指数在152天内下跌了38.75点，这是一次平均价格指数的正常调整。

☑ "二战"中的股市

1939年9月1日，希特勒入侵波兰，第二次世界大战爆发，股指最低点到达127.5点。人们到处购买股票，而空头也开始回补。人们相信，美国一定会迎来一场同第一次世界大战期间一样的牛市。

9月13日，最高点157.75点，12天内上涨了30点。因为上扬过快，而且未能突破1939年11月10日的顶部158.75点

我们欢迎市场下跌，因为它使我们能以新的、令人感到恐慌的便宜价格拣到更多的股票。
★ 巴菲特

65

的位置，所以市场在这些以前的顶部位置遭遇到沉重的抛压，此时市场已经在一个狭窄的交易区间内运行了一段时间，这无疑是向每个人发出了信号：市场已经到达了最后的顶部，而且随时可能开始走低。

1940年5月8日，最高点为149点。从这个位置开始，一场急剧而猛烈的下跌开始了。5月21日，最低点110.50点，13天内指数下跌了38.5点。5月21日、28日和6月10日，平均价格指数在这个水平形成了三重底，这是市场支撑良好的迹象，这场骤降只是由于希特勒入侵法国并得手而引发的一场股市震荡而已。

随后出现的反弹一直持续到了1940年11月8日，此时离1938年的最高点正好相差两年时间。

1940年11月8日，最高点为138.50点。在这次反弹之后，市场的高低点渐次下移，直至最后的底部出现。

☑ 最后的底部——熊市的结束

1942年4月28日，最低点为92.69点，从1938年3月31日算起，已经持续下跌了49个月。1938年3月31日的最低点是97.50点，而1935年3月18日的最低点是96点。这一次平均价格指数未能跌破以前的底部5点以上，因此这里就形成了一个买入点，而关于这一点，可以从3日图得到确认。

从1942年4月28日的最低点开始，指数调整的幅度和时间都开始减少减小，显示出了上升趋势，而且在1943年以前，确实没有出现过10点以上幅度的调整。

1943年7月15日，最高点为146.50点，指数涨到了以往的抛压区，并且居于一系列底部之下，必然会进行调整。

8月2日，最低点133.50点，18天内指数下跌了13点。这是一次自然的修正性调整，因为从92.69点~146.50点，指数上涨了53.81点。

1943年11月30日，最低点128.50点，指数从7月15日的最高点下跌了18点，历时138天。这是牛市中的一次正常倒退，接下来还将是上升的趋势。

1945年3月6日，最高点162.50点。此时的点位已经突破了1938年11月10日的最高点158.75点，说明市场仍处于牛市，趋势仍然向上，但是，随之而来的将是一场急剧的调整。

1945年3月26日，最低点151.50点，20天内指数下跌了11点。注意，1940年4月8日的最高点是152点，一次大的下跌随后出现，所以，当指数跌到1945年3月26日的151.50点时，就跌到了以往的顶部位置，而这里也是一个买入点和支撑位置。

1945年5月8日，对德作战即将结束，对股市来说，这是一个利多消息，市场因此开始上扬。

1945年5月31日，最高点为169.50点，就目前的市场运动来说，这是一个新的高位。

7月27日，最低点159.59点，57天内市场下跌了9.55点。指数回调未能超过10点，还属于正常的调整尺度，说明市场仍处于牛市。而指数站在了1938年11月10日的最高点上，这说明市场走势强劲。

1945年8月14日，对日作战结束。对于市场来说，这是利好消息，所以新一轮涨势重新出现。

1945年11月8日，最高点192.75点。指数涨到了以前的密集成交区、底部和顶部的下方，之后自然又出现了一次调整。

11月14日，最低点182.75点，6天时间里指数下跌了10点，这与以前出现的倒退相当，而正常的回调幅度表明大势依然向上。

1945年12月10日，最高点196.50点，指数又涨到了以往的顶部、底部和密集成交区域，在这个点位市场会出现调整。

12月20日，最低点187.50点，在10天内指数下跌了9点，属于正常的调整。不过，要注意的是，这个指数已经突破了1937年的最高点，这就等于说市场还将走高，尤其是这两个极值点相隔了7年多之久，所以走高的可能性就更大。

1946年2月4日，最高点207.49点。此时的市场已经在大成交量下上涨了数月，必将出现急剧的调整。

2月26日，最低点184.05点，22天内指数下跌了23.44点。自1942年8月28日来，这是最陡直的一次下跌，所以它也是牛市正在接近尾声的第一次预警。

随后，一波行情涨到了4月10日的最高点208.93点，高于2月4日的最高点，这说明市场还在上扬。但是，这只是一个段时间内出现的双顶，随后就出现了一轮倒退。

5月6日，最低点199.26点，26天内指数下跌了9.67点，属于正常的调整，而且指数收在200点上，意味着市场支撑良好，指数会进一步上扬。

☑ 最后的顶部——牛市的终结

1946年5月29日，最高点为213.36点，至此，开始于1942年4月28日的牛市结束了。这场牛市共持续49个月，与1938年的底部至1942年的底部间的时间周期相同。价格指数上涨了120.75点，仅比2月4日的最高点高6点的事实说明，由2月出现的急剧下跌判断牛市即将结束是正确的，而由5月29日最高点后的3日图也可迅速确认大势已经调头向下。

6月21日，最低点198.50点，23天内指数下跌了13.75点。这是牛市已经结束的第一个信号，但随之而来的就是一轮次级反弹。

7月1日，最高点208.50点，指数涨到了与2月的最高点大致相同的位置，指数在10天内上涨10点是熊市中的正常反弹。

1946年7月24日，最低点195.50点，指数跌到了1937年以及1945年12月的顶部水平，这里也是反弹的支撑位。

1946年8月14日，最后一个顶部为205.25点，紧接着市场开始大跌，平均指数跌破了184点，也就是2月26日的最低点，这表明大势已经向下。此外，还应注意，1937年8月14日是大势反转向下后次级反弹形成的最后一个最高点。

除1929年的那次牛市外，牛市持续时间最长的当属1942年4月~1949年5月的那一次，所以，其后必然出现一轮持续时间很短的急剧调整。

1946年10月30日，最低点160.49点，154天内指数从5月29日的最高点下跌了53点。注意，1945年7月27日的最低点159.95点，于是这里就变成了一个支撑位和买入点。从5月的最高点至10月的最低点，154天内价格指数从最高点213.36下跌了25%，这是对超买市场的一次调整，而在此之前出现的调整都未超出正常范围。

从1946年10月30日的最低点开始，市场出现了一轮反弹。

1947年2月10日，最高点184.50点，103天内指数上涨了24点，正处于

1946年2月的底部之下，时间周期为一年，这对趋势的变化来说很重要，因为2月5日~2月10日都是能产生转势的重要日期。

☑ 次级下跌

1947年5月5日，最高点为175.50点，5月19日，最低点为161.50点。14天内指数下跌了14点，这与我们提到过的，正常的市场大约每天下跌1点的规则完全吻合。这个底比1946年10月30的底高，这使它成为了一个双底和买点，查看3日图也能确认这一点。

1947年7月25日，最高点187.50点，67天内指数上涨了26点，这是60天~72天的正常反弹周期之一，市场由此即将出现一次回档。

1947年9月9日和9月26日，最低点174.50点，46天内指数下跌了13点，紧接着市场出现了反弹。

10月20日，最高点186.50点，24天内指数上涨了12点，这个顶部低于7月的顶部，也就是说这里抛压较强，是个卖点，而日后趋势将继续向下。

1948年2月11日，最低点164.04点，自1947年7月起指数下跌了23.40点。这个底高于1946年10月和1947年5月的底，这意味着市场有良好的支撑，这里是个买点。在3日图上，价格指数先在一个狭窄的区间内运行了1个月，然后趋势转而向上。

1948年6月14日，最高点194.49点，自2月11日起指数上涨了30.45点，在这126天的时间里，没有一次调整能持续6天以上或是调整幅度超过4点，市场明显超买，此时必然会出现一次自然的调整过程。指数涨到过去的底部和顶部，也就是1937年的各个最高点和1929年的各个最低点，于是这里便形成了一个阻力位和卖点。

1948年7月12日，最后一个最高点是192.50点，7月19日，最低点是179.50点，7天内指数下跌了13点，这预示着大盘将进一步下跌。

9月7日，最低点175.50点，指数跌到了过去的支撑位上，这说明对趋势的变化来说，9月里的反弹一直都很重要。

10月26日，最高点190.50点，29天内指数上涨了15点，这个顶部较前一个低，指数点位与1937年8月14日市场调头下跌时的点位相同。绝不能忽视时间周期和过去的这些指数，它们总是十分重要的。此时的指数既低于1948年6月和7月时的点位，又与1946年10月相距2年，对于判断趋势变化来说非常重要。

☑ 大选之后的暴跌

11月1日，最高点为190点，11月30日，最低点为170.50点，29天内价格指数下跌了18点，跌到了一个将出现反弹的支撑位。

1949年1月7日和24日，最高点182.50点，38天里指数上涨了11点。由规则8可知，当指数到达1月7日和24日间的最高点，同时又跌破1月初创下的最低点时，趋势即将向下。

在1月24日之后，指数未能突破1月7日的最高点，说明市场处在顶部，即将下跌，是时候出货了。

2月25日，最低点170.5点，只比1948年11月30日的最低点低1点，这是即将出现反弹的支撑位。

3月30日，指数为179.15点，从2月25日起，指数的最低点上涨了8.65点。33天时间里指数未能上涨9点的事实说明，市场走势很弱，指数将进一步走低。

回忆一下规则8，即重要的转势常常出现在5月5日~10日。5月5日，最后一个最高点是177.25点，既低于3月30日的最高点，也低于4月18日的最高点，这说明大势仍然向下，下跌仍会持续。

1949年6月14日，最低点为160.62点，自3月30日起，76天的时间里指数下跌了18.43点，这是指数第三次到达同样高度的低位。

1946年10月30日，最低点160.49点；1947年5月19日，最低点161.38点；1948年11月30日，最低点170.50点。从5月5日~6月14日，恰好40天的时间，最后一轮下跌行情跌去了16.63点，且指数第三次处于相同的低位，并与1948年6月14日的最高点正好相隔1年，也就是说，这里形成了一个买点，反弹的日子来临了。

开始于6月14日的反弹一直持续到7月17日，平均价格指数涨到了175点之上，从1949的任何一次最低点开始算起，迄今为止，没有哪一次上涨行情中的涨幅能超过这一次。

第六章

平均价格指数波动的时间周期

如果知道道琼斯工业股票平均价格指数每次重要涨跌的时间周期与幅度，就能够预测未来股市的运动周期，并能够在每个上涨或下跌行情的尾声阶段，及时判断出转势何时出现。

在下表中，指数后的字母"A"代表上涨，其后是上涨的时间。而字母"D"代表下跌，其后的天数表示市场从上个水平下跌所经历的时间。

1912年	10月8日	……最高点	94.25点		
1913年	6月11日	……最低点	72.11点	D	246天
	9月13日	…………………	83.50点	A	94天
	12月15日	…………………	75.25点	D	95天
1914年	3月20日	…………………	83.50点	A	95天
	12月24日	…………………	53.17点	D	279天
1915年	4月30日	…………………	71.78点	A	127天
	5月14日	…………………	60.50点	D	14天
	12月27日	…………………	99.50点	A	199天
1916年	7月13日	…………………	86.50点	D	198天
	11月21日	…………………	110.50点	A	30天
	12月21日	…………………	90.50点	A	30天

1917年	1月2日	....	99.25点	A	14天
	2月2日	....	87.00点	D	31天
	6月9日	....	99.25点	A	127天
	12月19日	....	65.90点	D	192天
1918年	10月18日	....	89.50点	A	304天
1919年	2月8日	....	79.15点	D	103天
	7月14日	....	112.50点	A	156天
	8月20日	....	98.50点	D	37天
	11月3日	....	119.62点	A	26天
	11月29日	....	103.50点	A	26天
1920年	1月3日	....	109.50点	A	35天
	2月25日	....	89.50点	D	53天
	4月8日	....	105.50点	A	42天
	5月19日	....	87.50点	D	41天
	7月8日	....	94.50点	A	50天
	8月10日	....	83.50点	D	33天
	9月17日	....	89.75点	A	38天
	12月21日	....	65.90点	D	96天
1921年	5月5日	....	80.05点	A	135天
	6月20日	....	64.75点	D	46天
	7月6日	....	69.75点	A	16天
	8月24日	....	63.90点	D	49天
1922年	10月14日	....	103.50点	A	52天
	11月14日	....	93.50点	D	31天
1924年	2月6日	....	101.50点	A	84天
	5月14日	....	88.75点	D	98天
	5月20日	....	105.50点	A	98天
	10月14日	....	99.50点	D	55天
1925年	1月22日	....	123.50点	A	100天
	2月16日	....	117.50点	D	25天
	3月6日	....	125.50点	A	18天
	3月30日	....	115.00点	D	24天
	4月18日	....	122.50点	A	19天

4月27日	················	119.60点	D	9天
11月6日	················	159.25点	A	192天
11月24日	················	148.50点	O	18天
1926年 2月11日	················	162.50点	A	78天
3月3日	················	144.50点	D	20天
3月12日	················	153.50点	A	9天
3月30日	················	135.50点	D	18天
4月24日	················	144.50点	A	25天
5月19日	················	137.25点	D	25天
8月24日	················	162.50点	A	97天
10月19日	················	145.50点	D	56天
12月18日	················	161.50点	A	60天
1927年 1月25日	················	152.50点	D	38天
5月28日	················	172.50点	A	123天
6月27日	················	165.50点	D	30天
10月3日	················	195.50点	A	97天
10月22日	················	179.50点	D	19天
1928年 1月3日	················	203.50点	A	73天
1月18日	················	191.50点	D	15天
3月20日	················	214.50点	A	62天
4月23日	················	207.00点	D	34天
5月14日	················	220.50点	A	21天
5月22日	················	211.50点	D	8天
6月2日	················	220.50点	A	13天
6月18日	················	202.00点	D	16天
7月5日	················	214.50点	A	19天
7月16日	················	205.00点	D	11天
10月24日	················	260.50点	A	100天
10月31日	················	249.00点	D	7天
11月28日	················	298.50点	A	28天
12月10日	················	254.36点	D	12天
1929年 2月1日	················	325.00点	A	53天
2月18日	················	293.00点	D	17天

3月1日	…………………	325.00点	A	13天
3月26日	…………………	281.50点	D	25天
5月6日	…………………	331.00点	A	41天
5月31日	…………………	291.00点	D	24天
7月8日	…………………	350.50点	A	38天
7月29日	…………………	337.00点	D	21天
9月3日	…………………	386.10点	A	36天
10月4日	…………………	321.00点	D	31天
10月11日	…………………	358.50点	A	7天
10月29日	…………………	210.50点	D	18天
11月8日	…………………	245.00点	A	10天
11月13日	…………………	195.50点	D	5天
12月9日	…………………	267.00点	A	27天
12月20日	…………………	227.00点	D	11天
1930年 2月5日	…………………	274.00点	A	47天
2月25日	…………………	259.50点	D	20天
4月16日	…………………	297.75点	A	50天
5月5日	…………………	249.00点	D	19天
6月2日	…………………	275.00点	A	28天
6月25日	…………………	207.50点	D	23天
7月28日	…………………	243.50点	A	33天
8月9日	…………………	234.50点	D	12天
9月10日	…………………	247.00点	A	32天
10月18日	…………………	183.50点	D	38天
10月28日	…………………	298.50点	A	10天
11月10日	…………………	168.25点	D	13天
11月25日	…………………	191.50点	A	15天
12月17日	…………………	154.50点	D	22天
1931年 2月24日	…………………	196.75点	A	59天
4月29日	…………………	142.00点	D	64天
5月9日	…………………	156.00点	A	10天
6月2日	…………………	119.50点	D	24天

6月27日	……………………	157.50点	A	25天
8月6日	……………………	132.50点	D	40天
8月15日	……………………	146.50点	A	9天
10月5日	……………………	85.50点	D	51天
11月9日	……………………	119.50点	A	35天
1932年　1月5日	……………………	69.50点	D	57天
1月14日	……………………	87.50点	A	9天
2月10日	……………………	70.00点	D	27天
2月19日	……………………	89.50点	A	9天
6月2日	……………………	43.50点	D	103天
6月16日	……………………	51.50点	A	14天
7月8日	……………………	40.60点	D	22天
9月8日	……………………	81.50点	A	62天
10月10日	……………………	57.50点	D	32天
11月12日	……………………	68.50点	A	33天
12月3日	……………………	55.50点	D	21天
1933年　1月11日	……………………	65.25点	A	39天
2月27日	……………………	49.50点	D	47天
7月18日	……………………	110.50点	A	141天
7月21日	……………………	84.50点	D	3天
9月18日	……………………	107.50点	A	59天
10月21日	……………………	82.20点	D	33天
1934年　2月5日	……………………	111.50点	A	107天
3月27日	……………………	97.50点	D	50天
4月20日	……………………	107.00点	A	24天
5月14日	……………………	89.50点	D	24天
6月19日	……………………	101.25点	A	36天
7月26日	……………………	84.50点	D	37天
8月25日	……………………	96.25点	A	30天
9月17日	……………………	85.75点	D	23天
1935年　1月7日	……………………	106.50点	A	112天
2月6日	……………………	99.75点	D	30天

	2月18日	……………	108.50点	A	12天
	3月18日	……………	96.00点	D	28天
	9月11日	……………	135.50点	A	177天
	10月3日	……………	126.50点	D	22天
	11月20日	……………	149.50点	A	48天
	12月16日	……………	138.50点	D	26天
1936年	4月6日	……………	163.25点	A	112天
	4月24日	……………	141.50点	D	18天
	8月10日	……………	170.50点	A	108天
	8月21日	……………	160.50点	D	11天
	11月18日	……………	186.25点	A	89天
	12月21日	……………	175.25点	D	33天
1937年	3月10日	……………	195.50点	A	79天
	4月9日	……………	175.50点	O	30天
	4月22日	……………	184.50点	A	13天
	6月14日	……………	163.75点	D	53天
	8月14日	……………	190.50点	A	61天
	10月19日	……………	115.50点	D	67天
	10月29日	……………	140.50点	A	10天
	11月23日	……………	112.50点	D	25天
	12月8日	……………	131.25点	A	15天
	12月29日	……………	117.50点	D	21天
1938年	1月15日	……………	134.50点	A	17天
	2月4日	……………	117.25点	D	20天
	2月23日	……………	133.00点	A	19天
	3月31日	……………	97.50点	D	36天
	4月18日	……………	121.50点	A	18天
	5月27日	……………	106.50点	D	39天
	7月25日	……………	146.50点	A	59天
	8月12日	……………	135.50点	D	18天
	8月24日	……………	145.50点	A	12天
	9月28日	……………	127.50点	D	35天

11月10日	……………	158.75点	A	43天
11月28日	……………	145.50点	D	18天
1939年　1月5日	……………	155.50点	A	38天
1月26日	……………	136.25点	D	21天
3月10日	……………	152.50点	A	43天
4月11日	……………	120.25点	D	31天
6月2日	……………	140.50点	A	52天
6月30日	……………	128.75点	D	28天
7月25日	……………	145.50点	A	25天
8月24日	……………	128.50点	D	30天
8月30日	……………	138.25点	A	6天
9月1日	……………	127.50点	D	2天
9月13日	……………	157.50点	A	12天
9月18日	……………	147.50点	D	5天
10月26日	……………	156.00点	A	38天
11月30日	……………	144.50点	D	35天
1940年　1月3日	……………	153.50点	A	34天
1月15日	……………	143.50点	D	12天
3月28日	……………	152.00点	A	73天
5月21日	……………	110.61点	D	54天
5月23日	……………	117.50点	A	2天
5月28日	……………	110.50点	D	5天
6月3日	……………	116.50点	A	6天
6月10日	……………	110.50点	D	7天
7月31日	……………	127.50点	A	51天
8月16日	……………	120.50点	D	16天
9月5日	……………	134.50点	A	20天
9月13日	……………	127.50点	D	8天
9月24日	……………	135.50点	A	11天
10月15日	……………	129.50点	D	19天
11月8日	……………	138.50点	A	24天
12月23日	……………	127.50点	D	45天

1941年	1月10日	·············	134.50点	A	18天
	2月19日	·············	117.25点	D	40天
	4月4日	·············	125.50点	A	44天
	5月1日	·············	114.50点	D	27天
	7月22日	·············	131.50点	A	82天
	8月15日	·············	124.50点	D	24天
	9月18日	·············	130.25点	A	34天
	12月24日	·············	105.50点	D	97天
1942年	1月6日	·············	114.50点	A	13天
	4月28日	·············	92.69点	D	112天
	6月9日	·············	106.50点	A	42天
	6月25日	·············	102.00点	D	17天
	7月9日	·············	109.50点	A	14天
	8月7日	·············	104.40点	D	29天
	11月9日	·············	118.50点	A	94天
	11月25日	·············	113.50点	D	16天
1943年	4月6日	·············	137.50点	A	132天
	4月13日	·············	129.75点	D	7天
	7月15日	·············	146.50点	A	93天
	8月2日	·············	133.50点	D	18天
	9月20日	·············	142.50点	A	49天
	11月30日	·············	128.50点	D	71天
1944年	1月11日	·············	138.50点	A	42天
	2月7日	·············	134.25点	D	27天
	3月16日	·············	141.50点	A	38天
	4月25日	·············	134.75点	D	40天
	7月10日	·············	150.50点	A	76天
	9月7日	·············	142.50点	D	59天
	10月6日	·············	149.50点	A	29天
	10月27日	·············	145.50点	D	21天
	12月16日	·············	153.00点	A	50天
	12月27日	·············	147.75点	D	11天

1945年　3月6日	··············	162.25点	A	69天
3月26日	··············	151.50点	D	20天
5月31日	··············	169.50点	A	66天
7月27日	··············	159.95点	D	57天
11月8日	··············	192.75点	A	104天
11月14日	··············	182.75点	D	6天
12月10日	··············	196.50点	A	26天
12月20日	··············	187.50点	D	10天
1946年　2月4日	··············	207.50点	A	46天
2月26日	··············	184.04点	D	22天
4月18日	··············	209.50点	A	51天
5月6日	··············	199.50点	D	18天
5月29日	··············	213.36点	A	23天
6月12日	··············	207.50点	D	14天
6月17日	··············	211.50点	A	5天
6月21日	··············	198.50点	D	4天
7月1日	··············	208.50点	A	10天
7月24日	··············	194.50点	D	23天
8月14日	··············	205.25点	A	21天
9月19日	··············	164.50点	D	36天
9月26日	··············	176.50点	A	7天
10月10日	··············	161.50点	D	14天
10月16日	··············	177.25点	A	6天
10月30日	··············	160.62点	D	14天
11月16日	··············	175.00点	A	7天
11月22日	··············	162.50点	D	16天
1947年　1月7日	··············	179.50点	A	46天
1月16日	··············	170.25点	D	9天
2月10日	··············	184.50点	A	25天
2月15日	··············	172.00点	D	5天
3月28日	··············	179.50点	A	41天
4月15日	··············	165.50点	D	18天

5月5日	....	175.50点	A	20天
5月19日	....	161.50点	D	14天
7月14日	....	187.50点	A	56天
9月19日	....	174.50点	D	57天
10月20日	....	186.00点	A	41天
12月6日	....	175.50点	D	47天
1948年 1月5日	....	181.50点	A	30天
2月11日	....	164.04点	D	37天
6月14日	....	194.49点	A	124天
7月19日	....	179.50点	D	35天
7月28日	....	187.00点	A	9天
8月11日	....	176.50点	D	14天
9月7日	....	185.50点	A	27天
9月27日	....	175.50点	D	20天
10月26日	....	190.50点	A	29天
11月30日	....	171.50点	D	35天
1949年 1月7日	....	182.50点	A	38天
1月17日	....	177.50点	D	10天
1月24日	....	182.50点	A	7天
2月25日	....	170.50点	D	32天
3月30日	....	179.15点	A	33天
4月22日	....	172.50点	D	23天
5月5日	....	177.25点	A	13天
6月14日	....	160.69点	D	40天

第七章

道琼斯30种工业股票平均价格指数的3日图

我之所以用道琼斯30种工业股票平均价格指数作为趋势指标,并不是由于道氏理论(Dow Theory)有多么完美,而是因为这些平均价格指数的确反映了大多数个股的趋势。当然,在现实中,某些个股上涨的时间周期可能与平均价格指数不尽相同,同样,在熊市中,某些股票见底的时间也与平均价格指数有出入,然而,无论怎样我们都不能否认,当市场到达最终的最高点或最低点时,平均价格指数的确是一种有效的指引,因为它对于确定买卖的阻力价位起着不可估量的作用。铁路板块平均指数正在慢慢地过时,而且再也无法与工业股票平均价格指数的变化协调一致,而公用事业板块平均指数正处于强势,与铁路板块相比,它与工业股票平均价格指数的协调性更强。我建议大家密切关注道琼斯30种工业股平均指数的变动,并追踪这些成分股的波动趋势,然后抓住那些与大盘有着同样变动趋势的个股进行交易。在过去的几年中,大多数时候,工业股都比铁路股走势强,涨速快,所以铁路板块平均价格指数与工业股票平均价格指数的涨跌幅度未能保持相同,由此可见,根据道氏理论研判铁路股票平均价格指数是否与工业股票平均价格指数步调一致的做法极不明智。聪明的做法是，认真观察那些显示出强势或弱势的个股，然后从中挑选，择机交易，将工业股票平均价格指数作为一致趋势指标，同时运用我给出的所有交易规则进行判断和操作。

实际上，这些平均价格指数并不是所有股票的真正平均值。在1897—1914年，它来源于12种股票的计算结果，到了1914年12月，被纳入计算的股票变成了20种，随后又变成了30种。要提醒大家的是，尽管平均价格指数的确有效，并且也能给出股市趋势的确切信号，但它们并不是这些股票当前的实际价值，因为平均价格指数在计算时已经考虑了分红和拆股因素。而我所说的真正的平均价格指数是指，在任何时候，不考虑分红和拆股，购买100股这30种股票所需要的成本。例如，1949年6月14日，按考虑分红和拆股因素的计算方法，道琼斯平均指数得到的最低点是160.69点，但如果将那天30种工业股票平均价格指数的最低价除以30，会得到52.27点，这才是正确的平均指数，也是那时买进这些股票的真实成本。

6月14日，杜邦公司（DuPont）拆股后价格有了变化。

1949年6月28日，计算杜邦公司拆股后平均价格指数的最低点，得到的是48.59点，而按照道琼斯的公式计算出的最低点是164.65点。

在当时，30种工业股中仅有一家股票高于164.65点这个价格水平，那就是售价167美元一股的联合化学公司（Allied Chemical）。而美国电话公司（American Telephone）是139美元一股，接下来是美国罐头公司（American Can），股价为89.25美元，而国家钢铁公司（National Steel）的是75美元。所有其他股票的价格都比道琼斯指数的这个价位低很多，有些甚至一股只卖17美元和18美元，而大多数则在20美元左右。当然，按照这种道琼斯的公式计算平均价格指数会使走势图失真，并使平均指数看上去远远高于实际的价格，不过，这并不妨碍你使用道琼斯30种工业股票的平均价格指数，并以此判断市场趋势，就像它是按真实的价格计算出来的那样。

☑ 3日及以上的市场波动

这些记录了3日及以上市场运动的数据将用在3日图中。而假如指数达到了极限最高点或最低点，我们又想在市场非常活跃的时候抓住转机，那么我们偶尔也会使用1日或2日的市场运动数据。不过，无论采用几日图，所有的市场运动都是以天为单位进行计算的。3日图的使用规则是，当指数跌破3日底时，就表示市场会跌得更低，而当指数突破3日的头部或最高位时，就表示市场还将继续上扬。此外，还要记得综合运用其他规则，同时考虑市场开始上扬时的最后一个最低点或起涨点，以及市场开始下跌时的最后一个最高点，这些峰、谷的位置和高度对于研判市场转折十分重要。在一个上升的市场中，大盘的底部会随着波动而逐渐抬高；在一个下跌的市场中，大盘的顶部会随着主要波动逐渐下移。但有时市场既不会跌破前一轮行情的最低点，也不会突破以前的头部，而是停留在一个狭窄的区间内进行整理，只要平均指数或个股没有突破整理区间，就不能认为市场趋势已经发生转向。

时间周期对于股指的走势来说至关重要，市场突破头部或跌破底部的时间越长，今后的行情就会涨得越高或跌得越深。

你还要注意市场已经从极限最低位上涨了，或从极限最高位下跌了多长时间。往往在任何行情的末期，价格指数都可以创出新高，或略微下跌至较低的位置，然后停留在原地，原因是，循环到这一阶段的时间周期已经到了。

例如，1938年3月31日，道琼斯30种工业股票平均价格指数曾下跌至97.5点。之前同样价位的底部出现在1935年3月18日，当时的平均价格指数是96点。

1942年4月28日，道琼斯平均价格指数下跌至92.62点，与1938年的最低点相比低不到5点，与1935年的最低点相比低不到4点。而由我们的规则可知，指数是可以比过去的底部低5点，或比以前的头部高5点，而不改变市场主要的趋势的。

到1942年4月，股市从1937年3月10日的极限最高点持续下跌了5年多的时间，走完了一个漫长的时间周期。所以，当指数跌破这些过去的底部，而又没有超过5个点时，就预示着趋势将要开始发生反转，可以考虑买进股票。请注意3日图上的市场运动曲线，1942年4月21日，最后一个最高点是98.02点，4月8日，极限最低点是92.69点，这轮下跌行情历时7天，跌幅不到6点。

1942年5月11日，平均指数涨到了99.49点；由3日图可知，它高于4月21日出现的最后一个头部，因此市场将会继续上扬。从5月11日开始，出现了一场为期3天的下跌行情，指数跌到了96.39点，下跌了3.30点，之后直到1946年5月29日市场到达了最后的最高点，指数再也没有低于这个水平。通过研究3日图和高低点依次上移的走势曲线，你可以看到这些走势图指明市场呈上升趋势，当然其间会出现一些正常的调整，包括时间周期的调整和价格幅度的调整两个方面，但是上升趋势一直未变。

☑ 30种工业股票平均价格指数的3日图波动

本书下一节中记载的数据显示了从1912年—1949年7月19日的平均价格指数的所有3日波动。本书末尾刊载的3日图起始于1940年11月8日，显示了那个时期的每一组3日波动情况。

☑ 绘制3日图的方法

当市场从一个底部开始上涨，并连续3天高点和低点均依次上移时，3日图上指数就到达了第三天的头部。如果随后市场只进行了为期2天的调整，那么你无需将这段市场波动记录在走势图上，但当股市运动到第一个头部以上时，你就应当用趋势线把每天的头部连接起来，直至3天内更低的底部出现。然后你要将趋势线一直连至第三天的最低点，而且只要指数继续下跌，你就应不间断地描下这些下降的位置。不用管那些2日的反弹，除非市场运动到了极限最高点或极限最低点附近，一旦市场出现这种走势，尤其是指数振荡剧烈时，务必要画出这2日的变化曲线。如果市场已经上涨了相当长的一段时间，而且做了双头或三头，并在3日图上跌破了上一个最低点，那么你至少可以判定小趋势已经反转向下了；而若是市场一直在下跌，而且在3日图上跌破了前一个顶部最高点，你就可以判定市场至少目前已经反转向上。你会发现将3日图的信号与其他所有规则结合起来使用对你很有帮助。

下面来看一些3日市场运动的例子。

从1940年11月8日开始，最高点为138.50点，趋势已经在3日图上反转向下，而曲线的高低点也已经依次下移。

1941年4月23日，5月1日、16日和26日，市场到达最低点。指数在5月26日走出第二个上移的底部，此时适合买进，你可在5月1日的最低点之下的位置处设置止损单。当指数突破5月21日的最高点时，显露出了趋势向上的迹象。7月22日，最高点131.5点。平均价格指数跌破了3日图上的底，并在8月15日创下最低点124.5点，市场随后反弹至9月18日，到达最高点130.25点，这比7月22日的头部低，因此是一个卖点。大盘趋势继续向下，并跌破了8月15日的最低点，这意味着大势向下。市场继续下跌，仅在1942年1月6日突破过一个3日图的头部，而且仅比1941年12月16日的最高点高出2点，而且1月6日左右是一个极可能出现转势的日子。市场继续下跌至1942年4月28日的极限最低点92.69点，也就是说，从1941年7月22日开始，下跌了38.31点，而在这段时间里通过研究3日图你就可以一直做空，避免损失。

从4月28日的最低点起，平均指数的高低点开始依次上移。相较于1935年和1938年的底部位置而言，这里绝对是个买入良机。

1942年6月，平均指数穿越了4月7日的最高点102.5点，趋势无疑会向上。上升的行情将高低点不断上移，直至1943年7月15日的最高点146.5点，由我们的规则可知这里是个卖点。之后3日图曲线调头向下，指数一直跌至11月30日的最低点128.94点。这里要提醒大家注意，3月10日和22日的最低点都在128.5点附近，因此不同于过去在3日图看到的底部价位，这里的129点成为了一个买点。11月30日后，趋势调头向上，而且每个底部都逐渐抬高，直至1946年2月4日的最高点207.5点这个卖出点位，随后出现的下跌陡直而快速，这轮下跌行情一直持续到了2月26日的最低点184.04点。注意，前一个最低位出现在1945年10月30日和11月14日的183点附近，相较于过去的底部价位，我们可以断定这里的184点是一个买入点。从2月份开始，大盘重新开始向上攀升，直至1946年5月29日最后的最高点213.25点，我们的多条规则都在告诉我们，这里是一个卖点。6月12日，最低点207.5点，指数正好停在2月4日的头部之上，所以会从这里出现反弹。6月17日，最高点208.5点，与2月4日的情况相同，因此也是一个卖点。新的一轮下跌行情重新开始，平均指数跌破了6月12日的最低点，说明大势已经向下。直至1946年10月30日最后的最低点160.69点，指数未能突破任何3日图的顶部，比较一下1945年7月27日的最低点，和我们提到过的时间周期及百分比点规则，我们断定这个最低点是一个买点。

从1946年10月30日~1947年2月10日的最高点184.5点，指数未能跌破3日图上任何一个最低点3点以上，而这个高点又在1946年2月26日的底部之下，因此是一个卖点。大势再次调头向下，每次反弹的最高点逐步降低，直至1947年5月19日的最低点161.5点，相比于1946年10月30日的底部价位，我们可以断定这个位置是一个买点，之后不出所料，一轮快速的上升行情果然出现了。7月14日，最高点187.5点；7月18日，最低点182点；7月25日，最高点187.5点，指数在此形成了双头，因此是个卖点。随后，平均价格指数跌破了7月18日的最低点，并继续下跌至9月9日和26日，直至创下最低点174.5点，因其这与6月25日的最低点相同，所以指数在此形成了双底和买点。

10月20日，最高点为186.5点，低于7月14日和25日的头部，所以可以断定这里是一个卖点。趋势反转向下，在3日图上指数曲线的高低点逐渐下移，直至1948年2月11日的最低点164.07点。指数在2月20日和3月17日分别出现了一个点位相同的底，这使指数形成了一个双底以及买点，当指数突破了3月3

日的头部时，可确定趋势必然向上，这里就形成了一个安全的买点。行情急速上升，直到1948年6月14日的最高点194.49点时，指数也未跌破过3日图上的任何底部价位，这个最高点正好约是386点的50%，并处于以往的底部和头部区域，因此应在这个位置上卖出多头仓位并建立空头仓位，之后，市场趋势开始反转向下。

8月11日和21日，以及9月27日，平均指数的最低点是176.5点~175.5点，这里构成了双底和三底，自然也就形成了一个买点。随后开始了一场快速的反弹，直至10月26日达到最高点190.50点，之后又出现了截止到10月9日的回调，以及截止到11月1日的反弹。指数跌破10月29日的最低点表明大势已经向下，正因如此，总统选举过后，新的一轮快速下跌开始上演了。

11月30日，最低点170.5点，这是过去多次出现的底部价位，因此可以形成一个支撑位和买点，这之后又出现了一轮反弹。

1949年1月7日，最高点是182.5点，之后经过回调整理，又出现了另一轮反弹，反弹一直持续到1月24日，指数在此形成了双头和卖点。由我们的其他规则可知，如果平均价格指数在24日前不能突破1月7日的头部，就代表着它还将走低。

2月25日，最低点是170.5点，指数与11月30日的最低点一起形成了一个双底和买点。3月30日，最高点179.15点，由9点摆动图可知，平均价格指数未能反弹9点说明市场处于弱势。3月30日以后，趋势果然反转向下，在3日图上，指数的高低点逐渐下移，直至6月14日，最低点达到160.62点。这个谷底与1946年10月30日的最低点和1947年5月19日的最低点相参照，指数形成了三重底，因此这里是一个买点，但买入时要记得设置止损单以避免遭受损失。随后出现的反弹持续到了7月19日，平均价格指数一直上涨到174点以上，而且在3日图上没有任何回调。实际上，股指仅出现过1日回调，这固然说明市场仍处于强势，但平均价格指数将回调3日甚至更久也就是迟早的事，在那之后，当平均价格指数突破第一次回调的头部时，就可以断定趋势必然反转向上，指数必将走高。

1912—1949年平均指数的3日运动
（见对1940年11月8日后的3日运动分析，以及书后的走势图）

1912年　9月30日·········94.15点	4月4日·········83.19点
10月4日·········93.70点	4月19日·········81.00点
10月8日·········94.12点	4月22日·········81.46点
10月14日·········92.40点	4月29日·········78.39点
10月16日·········93.70点	5月5日·········79.95点
11月4日·········90.29点	5月15日·········78.51点
11月7日·········91.67点	5月24日·········79.88点
11月11日·········89.58点	6月11日·········72.11点
11月14日·········90.40点	6月18日·········75.85点
11月18日·········89.97点	6月21日·········74.03点
11月21日·········91.40点	7月28日·········79.06点
12月11日·········85.25点	8月1日·········78.21点
1913年　1月9日·········88.57点	8月13日·········80.93点
1月14日·········84.96点	8月15日·········79.50点
1月18日·········85.75点	8月29日·········81.81点
1月20日·········81.55点	9月4日·········80.27点
1月30日·········83.80点	9月13日·········83.43点
2月18日·········79.82点	9月17日·········82.38点
2月20日·········80.20点	9月22日·········83.01点
2月25日·········78.72点	9月30日·········80.37点
3月5日·········81.69点	10月2日·········81.43点
3月20日·········78.25点	10月16日·········77.09点

10月21日………79.60点		12月12日………54.72点
10月23日………78.40点		12月14日………56.76点
10月27日………79.38点		12月24日………53.17点
11月10日………75.94点	1915年	1月23日………58.52点
11月18日………77.25点		2月1日………55.59点
12月1日………75.77点		2月11日………57.83点
12月4日………77.01点		2月24日………54.22点
12月15日………75.27点		3月8日………56.98点
12月26日………78.85点		3月13日………56.35点
12月30日………78.26点		4月30日………71.78点
1914年	1月26日………82.88点	5月10日………62.06点
	1月29日………81.72点	5月12日………64.46点
	2月2日………83.19点	5月14日………60.38点
	2月11日………82.50点	5月22日………65.50点
	2月14日………83.09点	5月26日………64.42点
	2月25日………81.31点	6月22日………71.90点
	2月28日………82.26点	7月9日………67.88点
	3月6日………81.12点	8月18日………81.86点
	3月20日………83.43点	8月21日………76.76点
	3月30日………81.64点	8月28日………81.95点
	4月2日………82.47点	9月3日………80.70点
	4月25日………76.97点	10月2日………91.98点
	5月1日………80.11点	10月6日………88.23点
	5月8日………79.16点	10月22日………96.46点
	5月19日………81.66点	10月28日………93.34点
	5月22日………80.85点	11月4日………96.06点
	6月10日………81.84点	11月9日………91.08点
	6月25日………79.30点	11月16日………96.33点
	7月8日………81.79点	11月20日………95.02点
	7月30日………71.42点	11月29日………97.56点

	12月2日 ········94.78点	8月8日 ········88.15点
	12月8日 ········98.45点	8月22日 ········93.83点
	12月13日 ········95.96点	9月1日 ········91.19点
	12月27日 ········99.21点	11月9日 ········107.68点
1916年	1月11日 ········94.07点	11月13日 ········105.63点
	1月17日 ········96.63点	11月21日 ········110.15点
	1月20日 ········93.60点	11月23日 ········107.48点
	1月25日 ········94.24点	11月25日 ········109.95点
	1月31日 ········90.58点	11月29日 ········105.97点
	2月11日 ········96.15点	12月6日 ········106.76点
	2月17日 ········94.11点	12月21日 ········90.16点
	2月19日 ········94.77点	1917年　1月2日 ········99.18点
	3月2日 ········90.52点	1月13日 ········95.13点
	3月16日 ········96.08点	1月20日 ········97.97点
	3月25日 ········93.23点	1月23日 ········96.26点
	4月6日 ········94.46点	1月26日 ········97.36点
	4月22日 ········84.96点	2月2日 ········87.01点
	5月1日 ········90.30点	2月6日 ········92.81点
	5月4日 ········87.71点	2月9日 ········90.20点
	5月15日 ········92.43点	2月13日 ········92.37点
	5月17日 ········91.51点	2月15日 ········91.65点
	5月25日 ········92.62点	2月20日 ········94.91点
	6月2日 ········91.22点	3月1日 ········91.10点
	6月12日 ········93.61点	3月20日 ········98.20点
	6月26日 ········87.68点	4月10日 ········91.20点
	7月5日 ········90.53点	4月14日 ········93.76点
	7月13日 ········86.42点	4月24日 ········90.66点
	7月22日 ········89.75点	5月1日 ········93.42点
	7月27日 ········88.00点	5月9日 ········89.08点
	8月1日 ········89.05点	6月9日 ········99.08点

	6月20日 ………94.78点	4月11日 ………75.58点
	6月25日 ………97.57点	4月20日 ………79.73点
	7月19日 ………90.48点	4月30日 ………77.51点
	7月21日 ………92.61点	5月15日 ………84.04点
	7月25日 ………91.24点	6月1日 ………77.93点
	8月6日 ………93.85点	6月26日 ………83.02点
	9月4日 ………81.20点	7月1日 ………81.81点
	9月10日 ………83.88点	7月6日 ………83.20点
	9月17日 ………81.55点	7月15日 ………80.58点
	9月25日 ………86.02点	7月18日 ………82.92点
	10月15日 ………75.13点	7月23日 ………80.51点
	10月20日 ………79.80点	7月26日 ………81.51点
	11月8日 ………68.58点	8月1日 ………80.71点
	11月12日 ………70.65点	8月10日 ………82.04点
	11月15日 ………69.10点	8月17日 ………81.51点
	11月26日 ………74.03点	9月3日 ………83.84点
	12月19日 ………65.95点	9月13日 ………80.29点
1918年	1月2日 ………76.68点	10月4日 ………85.31点
	1月8日 ………74.63点	10月9日 ………83.36点
	1月10日 ………76.33点	10月18日 ………89.07点
	1月15日 ………73.38点	10月30日 ………84.08点
	1月31日 ………79.80点	11月9日 ………88.06点
	2月7日 ………77.78点	11月25日 ………79.87点
	2月19日 ………82.08点	12月10日 ………84.50点
	2月25日 ………79.17点	12月26日 ………80.44点
	2月27日 ………80.50点	1919年 1月3日 ………83.35点
	3月2日 ………78.98点	1月11日 ………81.66点
	3月11日 ………79.78点	1月15日 ………82.40点
	3月23日 ………76.24点	1月21日 ………79.88点
	4月6日 ………77.95点	1月24日 ………81.75点

2月8日 ………79.15点	12月12日 ………103.73点
3月21日 ………89.05点	12月17日 ………107.26点
3月26日 ………86.83点	12月22日 ………103.55点
4月9日 ………91.01点	1920年　1月3日 ………109.88点
4月12日 ………89.61点	1月16日 ………101.94点
5月14日………100.37点	1月20日 ………103.48点
5月19日 ………99.16点	1月23日 ………101.90点
6月5日………107.55点	1月30日 ………104.21点
6月16日 ………99.56点	2月11日 ………90.66点
6月21日………106.45点	2月21日 ………95.63点
6月24日………104.58点	2月25日 ………89.98点
7月14日………112.23点	3月22日 ………104.17点
7月21日………107.24点	3月24日 ………100.33点
7月26日………111.10点	4月8日 ………105.65点
8月7日………100.80点	4月23日 ………95.46点
8月12日………105.10点	4月26日 ………97.20点
8月20日 ………98.46点	4月29日 ………93.16点
9月3日………108.55点	5月8日 ………94.75点
9月8日………106.51点	5月19日 ………87.36点
9月16日………108.81点	6月12日 ………93.20点
9月20日………104.99点	6月30日 ………90.76点
9月30日………111.42点	7月8日 ………94.51点
10月3日………108.90点	7月16日 ………89.95点
11月3日………119.62点	7月22日 ………90.74点
11月12日………107.15点	8月10日 ………83.20点
11月13日………110.69点	8月13日 ………85.89点
11月19日………106.15点	8月17日 ………83.90点
11月25日………109.02点	8月24日 ………87.29点
11月29日………103.60点	8月31日 ………86.16点
12月4日………107.97点	9月9日 ………88.33点

	9月13日	……86.96点		7月15日	……67.25点
	9月17日	……89.95点		7月25日	……69.80点
	9月30日	……82.95点		8月16日	……65.27点
	10月6日	……85.60点		8月24日	……63.90点
	10月11日	……84.00点		9月10日	……71.92点
	10月25日	……85.73点		9月20日	……69.43点
	10月28日	……84.61点		10月1日	……71.68点
	11月1日	……85.48点		10月6日	……70.42点
	11月19日	……73.12点		10月11日	……71.06点
	11月23日	……77.20点		10月17日	……69.46点
	11月27日	……75.46点		11月16日	……77.13点
	12月4日	……77.63点		11月22日	……76.21点
	12月21日	……66.75点		12月15日	……81.50点
1921年	1月11日	……76.14点		12月22日	……78.76点
	1月13日	……74.43点		12月31日	……81.10点
	1月19日	……76.76点	1922年	1月5日	……78.68点
	1月21日	……74.65点		1月20日	……82.95点
	1月29日	……76.34点		1月31日	……81.30点
	2月3日	……74.34点		2月6日	……83.70点
	2月16日	……77.14点		2月8日	……82.74点
	2月24日	……74.66点		2月21日	……85.81点
	3月5日	……75.25点		2月27日	……84.58点
	3月11日	……72.25点		3月18日	……88.47点
	3月23日	……77.78点		3月27日	……86.60点
	4月4日	……75.16点		4月22日	……93.46点
	4月6日	……76.58点		4月27日	……91.10点
	4月8日	……75.61点		5月3日	……93.81点
	5月5日	……80.03点		5月11日	……91.50点
	6月20日	……64.90点		5月29日	……96.41点
	7月6日	……69.86点		6月12日	……90.73点

6月20日 ·······93.51点	4月26日 ·······101.37点
6月29日 ·······92.06点	5月7日 ·······95.41点
7月20日 ·······96.76点	5月9日 ·······98.19点
7月24日 ·······94.64点	5月21日 ·······92.77点
8月22日 ·······100.75点	5月29日 ·······97.66点
8月28日 ·······99.21点	6月1日 ·······95.36点
9月11日 ·······102.05点	6月6日 ·······97.24点
9月21日 ·······98.37点	6月20日 ·······90.81点
9月23日 ·······99.10点	6月23日 ·······93.30点
9月30日 ·······96.30点	6月30日 ·······87.85点
10月14日 ·······103.43点	7月7日 ·······89.41点
10月31日 ·······96.11点	7月12日 ·······87.64点
11月8日 ·······99.53点	7月20日 ·······91.72点
11月14日 ·······93.61点	7月31日 ·······86.91点
11月20日 ·······95.82点	8月18日 ·······92.32点
11月27日 ·······92.03点	8月25日 ·······91.59点
1923年 1月3日 ·······99.42点	8月29日 ·······93.70点
1月9日 ·······97.23点	9月4日 ·······92.25点
1月13日 ·······99.09点	9月11日 ·······93.61点
1月16日 ·······96.96点	9月25日 ·······87.94点
2月21日 ·······103.59点	10月3日 ·······90.45点
2月26日 ·······102.40点	10月16日 ·······86.91点
3月7日 ·······105.23点	10月20日 ·······87.83点
3月10日 ·······103.82点	10月27日 ·······85.76点
3月20日 ·······105.38点	11月10日 ·······91.39点
4月4日 ·······101.40点	11月17日 ·······89.65点
4月7日 ·······102.56点	11月26日 ·······92.88点
4月11日 ·······101.08点	11月30日 ·······92.34点
4月19日 ·······102.58点	12月17日 ·······95.26点
4月23日 ·······100.73点	12月22日 ·······93.63点

1924年　1月11日 ········97.46点

1月14日 ········95.68点

2月6日 ········101.31点

2月18日 ········96.33点

3月14日 ········98.86点

3月29日 ········92.28点

4月4日 ········94.69点

4月14日 ········89.91点

4月17日 ········91.34点

4月21日 ········89.18点

5月7日 ········92.47点

5月14日 ········88.77点

5月24日 ········90.66点

5月29日 ········89.90点

6月3日 ········91.23点

6月7日 ········89.52点

6月16日 ········93.80点

6月23日 ········92.65点

7月12日 ········97.60点

7月17日 ········96.85点

8月4日 ········103.28点

8月12日 ········101.58点

8月20日 ········105.57点

8月28日 ········102.67点

8月30日 ········105.16点

9月6日 ········100.76点

9月24日 ········104.68点

9月29日 ········102.96点

10月1日 ········104.08点

10月14日 ········99.18点

11月18日 ········110.73点

11月22日 ········109.55点

1925年　1月13日 ········123.56点

1月16日 ········121.71点

1月22日 ········123.60点

1月26日 ········121.90点

1月31日 ········123.22点

2月3日 ········120.08点

2月9日 ········122.37点

2月16日 ········117.96点

3月6日 ········125.68点

3月10日 ········122.62点

3月12日 ········124.60点

3月18日 ········118.25点

3月20日 ········120.91点

3月30日 ········115.00点

4月18日 ········122.02点

4月27日 ········119.46点

5月7日 ········125.16点

5月13日 ········124.21点

6月2日 ········130.42点

6月10日 ········126.75点

6月17日 ········129.80点

6月23日 ········127.17点

7月8日 ········133.07点

7月11日 ········131.43点

7月27日 ········136.50点

7月31日 ········133.81点

8月25日 ········143.18点

9月2日 ········137.22点

	9月19日·······147.73点	7月17日·······158.81点
	9月30日·······143.46点	7月24日·······154.59点
	11月6日·······159.39点	8月14日·······166.64点
	11月10日·······151.60点	8月25日·······160.41点
	11月13日·······157.76点	9月7日·······166.10点
	11月24日·······148.18点	9月20日·······156.26点
	12月5日·······154.63点	9月25日·······159.27点
	12月9日·······152.57点	9月29日·······157.71点
	12月14日·······154.70点	10月1日·······159.69点
	12月21日·······152.35点	10月11日·······149.35点
	12月24日·······157.01点	10月14日·······152.10点
	12月30日·······155.81点	10月19日·······145.66点
1926年	1月9日·······159.10点	10月27日·······151.87点
	1月19日·······153.81点	10月30日·······150.38点
	2月4日·······160.53点	11月16日·······156.53点
	2月8日·······159.10点	11月19日·······152.86点
	2月11日·······162.31点	12月18日·······161.86点
	2月15日·······158.30点	1927年　1月3日·······155.16点
	2月18日·······161.09点	1月10日·······156.56点
	3月3日·······144.44点	1月17日·······153.91点
	3月10日·······153.13点	1月21日·······155.51点
	3月30日·······135.20点	1月25日·······152.73点
	4月6日·······142.43点	2月1日·······156.26点
	4月16日·······136.27点	2月7日·······154.31点
	4月24日·······144.83点	2月28日·······161.96点
	5月3日·······140.53点	3月7日·······158.62点
	5月6日·······142.13点	3月17日·······161.78点
	5月19日·······137.16点	3月22日·······158.41点
	6月21日·······154.03点	4月22日·······167.36点
	6月26日·······150.68点	4月28日·······163.53点

5月21日·······172.06点

5月24日·······171.06点

5月28日·······172.56点

6月3日·······169.65点

6月6日·······171.13点

6月14日·······167.63点

6月16日·······170.15点

6月27日·······165.73点

8月2日·······185.55点

8月12日·······177.13点

9月7日·······197.75点

9月12日·······194.00点

9月15日·······198.97点

9月28日·······194.11点

10月3日·······199.78点

10月10日·······189.03点

10月13日·······190.45点

10月22日·······179.78点

10月25日·······185.31点

10月29日·······180.32点

11月23日·······197.10点

11月28日·······194.80点

12月3日·······197.34点

12月8日·······193.58点

12月20日·······200.93点

12月28日·······198.60点

1928年　1月3日·······203.35点

1月10日·······197.52点

1月13日·······199.51点

1月18日·······194.50点

1月24日·······201.01点

2月3日·······196.30点

2月9日·······199.35点

2月20日·······191.33点

3月30日·······214.45点

4月10日·······209.23点

4月13日·······216.93点

4月23日·······207.94点

5月14日·······220.88点

5月22日·······211.73点

6月2日·······220.96点

6月12日·······202.65点

6月14日·······210.76点

6月18日·······201.96点

7月5日·······214.43点

7月11日·······206.43点

7月14日·······207.77点

7月16日·······205.10点

8月7日·······218.06点

8月14日·······214.08点

8月31日·······240.41点

9月10日·······238.82点

9月12日·······241.48点

9月27日·······236.86点

10月1日·······242.46点

10月3日·······233.60点

10月5日·······243.08点

10月9日·······236.79点

10月19日·······259.19点

10月22日·······250.08点

	10月24日………260.39点	7月11日………340.12点
	10月31日………248.76点	7月12日………350.26点
	11月28日………299.35点	7月16日………339.98点
	12月3日………283.89点	7月19日………349.19点
	12月4日………295.61点	7月22日………339.32点
	12月10日………254.36点	7月24日………350.30点
	12月31日………301.61点	7月29日………336.36点
1929年	1月3日………311.46点	8月5日………358.66点
	1月8日………292.89点	8月9日………336.13点
	1月25日………319.36点	9月3日………386.10点
	1月30日………308.47点	9月13日………359.70点
	2月1日………324.16点	9月19日………375.20点
	2月8日………298.03点	10月4日………320.45点
	2月13日………316.06点	10月11日………358.77点
	2月18日………293.40点	10月21日………314.55点
	3月1日………324.40点	10月23日………329.94点
	3月6日………302.93点	10月24日………272.32点
	3月15日………322.75点	10月25日………306.02点
	3月26日………281.51点	10月29日………212.33点
	4月5日………307.97点	10月31日………281.54点
	4月10日………295.71点	11月7日………217.84点
	4月23日………320.10点	11月8日………245.28点
	4月26日………311.00点	11月13日………195.35点
	5月6日………331.01点	11月22日………250.75点
	5月13日………313.56点	11月27日………233.59点
	5月17日………325.64点	12月9日………267.56点
	5月31日………290.02点	12月13日………239.58点
	6月7日………312.00点	12月14日………254.41点
	6月11日………301.22点	12月20日………227.20点
	7月8日………350.09点	12月27日………246.35点

	12月30日········235.95点		7月31日········229.09点
1930年	1月2日········252.29点		8月5日········240.95点
	1月7日········243.80点		8月9日········218.82点
	1月16日········253.49点		9月2日········242.77点
	1月18日········243.37点		9月4日········234.35点
	2月5日········274.01点		9月10日········247.21点
	2月10日········266.37点		9月30日········201.95点
	2月13日········275.00点		10月3日········216.89点
	2月25日········259.78点		10月10日········186.70点
	3月10日········279.40点		10月15日········201.64点
	3月17日········268.94点		10月18日········183.65点
	4月11日········296.35点		10月21日········193.95点
	4月15日········189.34点		10月22日········181.53点
	4月16日········297.25点		10月28日········198.59点
	4月29日········272.24点		11月10日········168.32点
	4月30日········283.51点		11月15日········187.59点
	5月5日········249.82点		11月18日········177.63点
	5月14日········277.22点		11月25日········191.28点
	5月20日········260.76点		11月28日········178.88点
	6月2日········276.86点		12月2日········187.96点
	6月12日········241.00点		12月17日········154.45点
	6月13日········251.63点		12月20日········170.91点
	6月18日········212.27点		12月29日········158.41点
	6月20日········232.69点	1931年	1月8日········175.62点
	6月25日········207.74点		1月19日········160.09点
	7月1日········229.53点		1月23日········172.97点
	7月8日········214.64点		1月29日········164.81点
	7月18日········242.01点		2月11日········185.89点
	7月21日········228.71点		2月14日········178.20点
	7月28日········243.65点		2月24日········196.96点

3月6日·········178.46点		10月14日·······96.01点
3月10日········188.10点		10月21日········109.69点
3月13日········175.89点		10月29日·······98.19点
3月20日·······189.31点		11月9日·······119.15点
4月2日·······168.30点		12月4日·······85.75点
4月6日·······174.69点		12月7日·······92.60点
4月17日······158.50点		12月17日········71.79点
4月20日······164.42点		12月19日·······83.09点
4月29日······141.78点		12月28日·······72.41点
5月1日·······153.82点		12月31日·······79.92点
5月6日······145.65点	1932年	1月5日·······69.85点
5月9日······156.17点		1月14日·······87.78点
6月2日······119.89点		1月23日·······77.09点
6月27日·······157.93点		1月26日······80.79点
7月1日······147.44点		1月29日······74.19点
7月3日·····156.74点		2月2日·····80.74点
7月15日······134.39点		2月10日······70.64点
7月21日······147.69点		2月19日·······89.84点
7月25日······137.69点		2月24日······79.57点
7月28日······142.12点		3月9日······89.87点
7月31日······133.70点		4月8日······61.98点
8月3日······139.35点		4月9日·····66.81点
8月6日······132.55点		5月4日·····52.33点
8月15日······146.51点		5月7日·····60.01点
8月24日······135.62点		5月16日······50.21点
8月29日······142.58点		5月20日······55.50点
9月21日······104.79点		6月2日·····43.49点
9月23日······117.75点		6月6日·····51.21点
10月5日·······85.51点		6月9日·····44.45点
10月9日······108.96点		6月16日·······51.43点

103

7月8日	………40.56点	3月31日	………54.90点
7月16日	………45.98点	4月20日	………75.20点
7月19日	………43.53点	4月21日	………68.64点
8月8日	………71.49点	4月24日	………74.84点
8月13日	………60.89点	4月28日	………69.78点
8月17日	………70.50点	5月11日	………83.61点
8月20日	………65.99点	5月15日	………79.06点
9月8日	………81.39点	5月18日	………84.13点
9月15日	………64.27点	5月22日	………78.61点
9月22日	………76.01点	6月13日	………97.92点
10月10日	………57.67点	6月17日	………89.10点
10月20日	………66.13点	6月20日	………98.34点
10月26日	………59.03点	6月23日	………91.69点
10月29日	………63.67点	7月7日	………107.51点
11月3日	………57.21点	7月12日	………101.87点
11月12日	………68.87点	7月18日	………110.53点
11月17日	………62.18点	7月21日	………84.45点
11月21日	………64.68点	7月27日	………97.28点
12月3日	………55.04点	7月31日	………87.75点
12月15日	………62.89点	8月10日	………100.14点
12月23日	………56.07点	8月16日	………92.95点
12月30日	………60.84点	8月25日	………105.60点
1933年 1月3日	………58.87点	9月6日	………97.74点
1月11日	………65.28点	9月18日	………107.68点
1月18日	………60.07点	9月22日	………95.73点
1月26日	………62.69点	9月26日	………100.23点
2月6日	………56.65点	10月3日	………91.93点
2月9日	………60.85点	10月9日	………100.58点
2月27日	………49.68点	10月21日	………82.20点
3月16日	………64.56点	10月25日	………95.23点

	10月31日 ········86.50点	8月20日 ·······90.08点
	11月21日·······101.94点	8月25日 ·······96.00点
	11月28日 ·······95.31点	9月17日 ·······85.72点
	12月11日·······103.97点	9月27日 ·······94.02点
	12月20日·······93.70点	10月4日 ·······89.84点
1934年	1月2日·······101.94点	10月17日·······96.36点
	1月8日 ·······96.26点	10月26日·······92.20点
	2月5日·······111.93点	11月26日·······103.51点
	2月10日·······103.08点	11月30日·······101.49点
	2月16日·······109.96点	12月6日 ·······104.23点
	3月1日·······101.93点	12月20日·······98.93点
	3月3日·······106.37点	1935年 1月7日·······106.71点
	3月8日 ·······100.78点	1月15日 ·······99.54点
	3月13日·······104.89点	1月21日·······103.93点
	3月21日 ·······98.45点	1月29日·······100.24点
	3月26日·······102.67点	2月2日·······102.56点
	3月27日 ·······97.41点	2月6日 ·······99.95点
	4月20日·······107.00点	2月18日·······108.29点
	5月14日 ·······89.10点	2月27日·······101.27点
	5月18日 ·······96.57点	3月2日·······103.67点
	5月23日 ·······92.23点	3月18日·······95.95点
	5月28日 ·······96.33点	3月22日·······100.88点
	6月2日 ·······90.85点	3月26日 ·······98.61点
	6月19日·······101.11点	4月25日·······111.52点
	7月3日 ·······94.25点	5月2日·······107.82点
	7月11日 ·······99.35点	5月16日·······117.30点
	7月26日 ·······84.58点	5月18日·······114.13点
	8月2日 ·······91.12点	5月28日 ·······117.62点
	8月6日 ·······86.32点	6月1日·······108.64点
	8月13日 ·······92.56点	6月24日·······121.30点

	6月27日·········116.91点	4月30日·········141.53点
	7月9日·········123.34点	5月15日·········152.43点
	7月16日·········121.00点	5月19日·········147.21点
	7月31日·········127.04点	6月1日·········154.02点
	8月2日·········124.28点	6月5日·········148.52点
	8月14日·········128.94点	6月24日·········161.15点
	8月20日·········124.97点	7月1日·········156.82点
	8月27日·········129.97点	7月3日·········159.13点
	9月4日·········126.43点	7月8日·········154.85点
	9月11日·········135.05点	7月28日·········168.23点
	9月20日·········127.97点	8月3日·········164.61点
	10月1日·········133.19点	8月10日·········170.15点
	10月3日·········126.95点	8月21日·········160.52点
	10月28日·········142.08点	8月28日·········168.02点
	10月31日·········138.40点	9月1日·········165.24点
	11月8日·········145.40点	9月8日·········170.02点
	11月13日·········141.60点	9月17日·········164.82点
	11月20日·········149.42点	9月23日·········170.72点
	12月2日·········140.38点	9月25日·········165.91点
	12月9日·········145.07点	10月19日·········178.44点
	12月16日·········138.91点	10月26日·········172.16点
1936年	1月10日·········148.02点	11月18日·········186.39点
	1月21日·········142.77点	11月23日·········177.91点
	2月19日·········155.69点	11月30日·········184.01点
	2月26日·········149.08点	12月2日·········179.66点
	3月6日·········159.87点	12月15日·········183.30点
	3月13日·········149.65点	12月21日·········175.31点
	3月26日·········159.53点	12月31日·········181.77点
	3月28日·········154.66点	1937年 1月4日·········176.96点
	4月6日·········163.07点	1月22日·········187.80点

1月27日·········182.15点	10月25日·········124.56点
2月11日·········191.39点	10月29日·········141.22点
2月24日·········185.15点	11月8日·········121.60点
3月10日·········195.59点	11月12日·········135.70点
3月22日·········179.28点	11月23日·········112.54点
3月31日·········187.99点	12月8日·········131.15点
4月9日·········175.86点	12月14日·········121.85点
4月13日·········183.43点	12月21日·········130.76点
4月16日·········179.70点	12月29日·········117.71点
4月22日·········184.33点	1938年　1月15日·········134.95点
4月28日·········168.77点	1月28日·········118.94点
5月5日·········176.81点	2月2日·········125.00点
5月18日·········166.20点	2月4日·········117.13点
5月24日·········176.25点	2月23日·········132.86点
6月1日·········170.72点	2月28日·········128.63点
6月5日·········175.66点	3月1日·········131.03点
6月14日·········163.73点	3月12日·········121.77点
6月25日·········170.98点	3月15日·········127.44点
6月29日·········166.11点	3月31日　·········97.46点
8月14日·········190.38点	4月18日·········121.54点
8月28日·········175.33点	4月20日·········112.47点
8月31日·········179.10点	4月23日·········119.21点
9月13日·········154.94点	5月1日·········109.40点
9月15日·········165.16点	5月10日·········120.28点
9月24日·········146.22点	5月27日·········106.44点
9月30日·········157.12点	6月10日·········116.08点
10月6日·········141.63点	6月14日·········111.54点
10月7日·········150.47点	7月7日·········140.05点
10月19日·········115.84点	7月12日·········133.84点
10月21日·········137.82点	7月25日·········146.31点

	7月28日·········139.51点		4月18日·········124.81点
	8月6日·········146.28点		4月28日·········131.42点
	8月12日·········135.38点		5月1日·········127.53点
	8月24日·········145.30点		5月10日·········134.66点
	8月29日·········136.64点		5月17日·········128.35点
	9月7日·········143.42点		6月9日·········140.75点
	9月14日·········130.38点		6月16日·········133.79点
	9月21日·········140.20点		6月21日·········138.04点
	9月28日·········127.85点		6月30日·········128.97点
	10月24日·········155.38点		7月25日·········145.72点
	10月29日·········150.48点		8月11日·········136.38点
	11月10日·········158.90点		8月15日·········142.35点
	11月28日·········145.21点		8月24日·········128.60点
	12月1日·········150.20点		8月30日·········138.07点
	12月5日·········146.44点		9月1日·········127.51点
	12月15日·········153.16点		9月13日·········157.77点
	12月21日·········149.06点		9月18日·········147.35点
1939年	1月5日·········155.47点		9月20日·········154.96点
	1月13日·········146.03点		10月4日·········148.73点
	1月19日·········149.88点		10月18日·········155.28点
	1月26日·········136.10点		10月20日·········152.55点
	2月6日·········146.43点		10月26日·········155.95点
	2月10日·········142.70点		11月10日·········147.74点
	2月16日·········146.12点		11月20日·········152.58点
	2月21日·········142.05点		11月30日·········144.85点
	3月10日·········152.71点		12月7日·········149.57点
	3月22日·········138.42点		12月12日·········146.43点
	3月27日·········143.14点		12月15日·········150.11点
	4月11日·········120.04点		12月19日·········148.35点
	4月15日·········130.19点		12月27日·········147.66点

1940年	1月3日⋯⋯⋯153.29点		9月5日⋯⋯⋯134.54点
	1月15日⋯⋯⋯143.06点		9月13日⋯⋯⋯127.22点
	1月25日⋯⋯⋯147.29点		9月24日⋯⋯⋯135.48点
	2月5日⋯⋯⋯144.69点		9月27日⋯⋯⋯131.38点
	2月9日⋯⋯⋯150.04点		10月3日⋯⋯⋯135.86点
	2月26日⋯⋯⋯145.81点		10月15日⋯⋯⋯129.47点
	3月12日⋯⋯⋯149.45点		10月23日⋯⋯⋯132.79点
	3月18日⋯⋯⋯145.08点		10月28日⋯⋯⋯130.96点
	4月8日⋯⋯⋯152.09点		11月8日⋯⋯⋯138.77点
	4月19日⋯⋯⋯145.86点		11月28日⋯⋯⋯129.13点
	4月24日⋯⋯⋯149.45点		12月2日⋯⋯⋯131.96点
	5月3日⋯⋯⋯146.42点		12月5日⋯⋯⋯129.54点
	5月8日⋯⋯⋯148.70点		12月13日⋯⋯⋯133.00点
	5月21日⋯⋯⋯110.61点		12月23日⋯⋯⋯127.83点
	5月23日⋯⋯⋯117.84点	1941年	1月10日⋯⋯⋯134.27点
	5月28日⋯⋯⋯110.51点		2月4日⋯⋯⋯122.29点
	6月3日⋯⋯⋯116.44点		2月10日⋯⋯⋯125.13点
	6月10日⋯⋯⋯110.41点		2月19日⋯⋯⋯117.43点
	6月18日⋯⋯⋯125.31点		2月26日⋯⋯⋯122.90点
	6月26日⋯⋯⋯118.67点		3月5日⋯⋯⋯119.98点
	6月28日⋯⋯⋯124.42点		3月19日⋯⋯⋯124.35点
	7月3日⋯⋯⋯120.14点		3月24日⋯⋯⋯121.82点
	7月17日⋯⋯⋯123.91点		4月4日⋯⋯⋯125.28点
	7月25日⋯⋯⋯121.19点		4月23日⋯⋯⋯115.33点
	7月31日⋯⋯⋯127.18点		4月29日⋯⋯⋯117.48点
	8月7日⋯⋯⋯124.61点		5月1日⋯⋯⋯114.78点
	8月12日⋯⋯⋯127.55点		5月13日⋯⋯⋯117.93点
	8月16日⋯⋯⋯120.90点		5月16日⋯⋯⋯115.36点
	8月22日⋯⋯⋯126.97点		5月21日⋯⋯⋯118.45点
	8月27日⋯⋯⋯124.95点		5月26日⋯⋯⋯115.33点

6月23日⋯⋯125.14点	3月3日⋯⋯107.16点
7月1日⋯⋯122.54点	3月12日 ⋯⋯98.32点
7月9日⋯⋯128.77点	3月18日⋯⋯102.73点
7月17日⋯⋯126.75点	3月31日 ⋯⋯99.25点
7月22日⋯⋯131.10点	4月7日⋯⋯102.75点
7月25日⋯⋯127.74点	4月17日 ⋯⋯95.80点
7月28日⋯⋯130.37点	4月21日 ⋯⋯98.02点
8月15日⋯⋯124.66点	4月28日 ⋯⋯92.69点
9月2日⋯⋯128.62点	5月11日 ⋯⋯99.49点
9月11日⋯⋯126.31点	5月14日 ⋯⋯96.39点
9月18日⋯⋯130.00点	5月21日⋯⋯100.21点
9月25日⋯⋯125.33点	5月25日 ⋯⋯98.68点
9月30日⋯⋯127.31点	6月9日⋯⋯106.34点
10月17日⋯⋯117.88点	6月12日⋯⋯103.27点
10月24日⋯⋯121.69点	6月18日⋯⋯106.63点
10月31日⋯⋯117.40点	6月25日⋯⋯101.94点
11月5日⋯⋯120.34点	7月9日⋯⋯109.26点
11月13日⋯⋯114.91点	7月14日⋯⋯107.40点
11月24日⋯⋯118.19点	7月16日⋯⋯109.21点
12月1日⋯⋯113.06点	7月24日⋯⋯105.84点
12月4日⋯⋯117.54点	7月27日⋯⋯106.97点
12月10日⋯⋯106.87点	8月7日⋯⋯104.50点
12月16日⋯⋯112.30点	8月19日⋯⋯107.88点
12月24日⋯⋯105.52点	8月26日⋯⋯105.37点
1942年　1月6日⋯⋯114.96点	9月8日⋯⋯107.88点
1月12日⋯⋯110.10点	9月11日⋯⋯105.58点
1月14日⋯⋯113.29点	10月13日⋯⋯115.80点
1月22日⋯⋯108.30点	10月16日⋯⋯112.71点
1月27日⋯⋯111.20点	10月21日⋯⋯116.01点
2月11日⋯⋯106.00点	10月28日⋯⋯112.57点
2月16日⋯⋯107.96点	11月9日⋯⋯118.18点
2月20日⋯⋯104.78点	11月18日⋯⋯114.12点

	11月21日·········115.65点		10月20日·········139.21点
	11月25日·········113.55点		10月25日·········137.88点
	12月18日·········119.76点		10月28日·········139.74点
	12月22日·········118.09点		11月9日·········130.84点
	12月28日·········119.96点		11月12日·········133.07点
	12月29日·········117.30点		11月17日·········129.86点
1943年	1月4日·········120.82点		11月20日·········133.15点
	1月7日·········118.84点		11月30日·········128.94点
	2月2日·········126.38点	1944年	1月11日·········138.89点
	2月4日·········124.69点		1月13日·········136.99点
	2月15日·········129.15点		1月17日·········138.60点
	2月19日·········125.82点		1月28日·········136.65点
	3月4日·········131.20点		2月1日·········137.69点
	3月10日·········128.49点		2月7日·········134.10点
	3月12日·········131.39点		2月17日·········136.77点
	3月22日·········128.67点		2月21日·········135.52点
	4月6日·········137.45点		3月16日·········141.43点
	4月13日·········129.79点		3月29日·········136.98点
	5月10日·········139.30点		4月10日·········139.45点
	5月14日·········136.13点		4月25日·········134.75点
	5月20日·········140.09点		5月12日·········139.38点
	5月25日·········138.06点		5月16日·········138.23点
	6月5日·········143.19点		6月20日·········149.15点
	6月15日·········138.51点		6月24日·········147.12点
	7月15日·········146.41点		7月10日·········150.88点
	8月2日·········133.87点		7月24日·········145.26点
	8月19日·········138.83点		8月2日·········147.07点
	8月23日·········134.40点		8月9日·········144.48点
	9月10日·········138.26点		8月18日·········149.28点
	9月14日·········137.24点		8月25日·········146.42点
	9月20日·········142.50点		8月30日·········147.69点
	10月7日·········136.01点		9月7日·········142.53点

9月26日⋯⋯147.08点	11月8日⋯⋯192.78点
9月28日⋯⋯145.67点	11月14日⋯⋯182.82点
10月6日⋯⋯149.20点	11月17日⋯⋯192.66点
10月10日⋯⋯147.67点	11月24日⋯⋯185.83点
10月18日⋯⋯149.18点	12月10日⋯⋯196.59点
10月27日⋯⋯145.33点	12月20日⋯⋯187.51点
11月10日⋯⋯148.39点	1946年 1月17日⋯⋯205.03点
11月16日⋯⋯145.17点	1月21日⋯⋯195.52点
12月16日⋯⋯153.00点	2月4日⋯⋯207.49点
12月27日⋯⋯147.93点	2月13日⋯⋯197.65点
1945年 1月11日⋯⋯156.68点	2月16日⋯⋯205.35点
1月24日⋯⋯150.53点	2月26日⋯⋯184.05点
2月21日⋯⋯160.17点	3月9日⋯⋯194.70点
2月26日⋯⋯157.45点	3月13日⋯⋯188.86点
3月6日⋯⋯162.22点	3月26日⋯⋯201.85点
3月9日⋯⋯155.96点	3月29日⋯⋯198.23点
3月16日⋯⋯159.42点	4月10日⋯⋯208.93点
3月26日⋯⋯151.74点	4月15日⋯⋯204.57点
5月8日⋯⋯167.25点	4月18日⋯⋯209.36点
5月11日⋯⋯162.60点	4月25日⋯⋯203.09点
5月31日⋯⋯169.41点	4月30日⋯⋯207.23点
6月12日⋯⋯165.89点	5月6日⋯⋯199.26点
6月26日⋯⋯169.55点	5月29日⋯⋯213.36点
7月6日⋯⋯163.47点	6月12日⋯⋯207.52点
7月10日⋯⋯167.79点	6月17日⋯⋯211.46点
7月27日⋯⋯159.95点	6月21日⋯⋯198.98点
8月10日⋯⋯166.54点	7月1日⋯⋯208.59点
8月21日⋯⋯162.28点	7月16日⋯⋯199.48点
9月13日⋯⋯179.33点	7月18日⋯⋯203.46点
9月17日⋯⋯173.30点	7月24日⋯⋯194.33点
10月18日⋯⋯187.55点	8月14日⋯⋯205.01点
10月30日⋯⋯182.98点	9月4日⋯⋯173.64点

	9月6日·······181.67点	7月14日·······187.15点
	9月10日·······166.56点	7月18日·······182.51点
	9月16日·······176.26点	7月25日·······187.66点
	9月19日·······164.09点	7月30日·······179.77点
	9月26日·······175.45点	8月1日·······184.38点
	10月10日·······161.61点	8月11日·······178.22点
	10月16日·······177.05点	8月15日·······181.58点
	10月30日·······160.49点	8月26日·······176.54点
	11月6日·······175.00点	9月2日·······180.56点
	11月22日·······162.29点	9月9日·······174.02点
	11月30日·······170.66点	9月17日·······179.37点
	12月3日·······166.20点	9月26日·······174.42点
	12月10日·······177.21点	10月20日·······186.24点
	12月13日·······172.57点	10月24日·······181.55点
	12月23日·······178.54点	10月29日·······184.70点
	12月27日·······173.88点	11月6日·······180.61点
1947年	1月7日·······179.24点	11月10日·······182.70点
	1月16日·······170.13点	11月17日·······179.57点
	2月10日·······184.96点	11月21日·······183.97点
	2月26日·······176.34点	12月6日·······175.44点
	3月6日·······182.48点	12月22日·······181.78点
	3月15日·······171.90点	12月29日·······177.93点
	3月24日·······177.61点	1948年　1月5日·······181.69点
	3月26日·······174.11点	1月14日·······176.50点
	3月28日·······179.68点	1月17日·······177.59点
	4月15日·······165.39点	1月26日·······170.70点
	4月23日·······171.71点	2月2日·······176.05点
	4月29日·······167.42点	2月11日·······164.07点
	5月5日·······175.08点	2月17日·······169.23点
	5月19日·······161.38点	2月20日·······166.38点
	6月23日·······178.08点	3月3日·······169.28点
	6月25日·······173.93点	3月17日·······165.03点

4月23日	……184.48点		12月17日	……175.50点
4月29日	……179.33点		12月30日	……179.25点
5月15日	……191.39点	1949年	1月3日	……174.50点
5月19日	……187.46点		1月7日	……182.50点
6月14日	……194.49点		1月17日	……177.75点
6月28日	……186.44点		1月24日	……182.50点
7月12日	……192.50点		1月27日	……177.50点
7月19日	……179.50点		2月3日	……180.75点
7月28日	……187.00点		2月11日	……171.00点
7月30日	……180.00点		2月16日	……175.50点
8月5日	……184.50点		2月25日	……170.50点
8月11日	……176.50点		3月14日	……177.75点
9月7日	……185.50点		3月23日	……174.50点
9月21日	……176.50点		3月30日	……179.15点
9月24日	……179.50点		4月7日	……175.25点
9月27日	……175.50点		4月18日	……177.50点
10月26日	……190.50点		4月22日	……172.50点
10月29日	……186.50点		5月5日	……177.25点
11月1日	……190.00点		5月10日	……173.50点
11月10日	……172.10点		5月17日	……176.25点
11月19日	……178.00点		6月14日	……160.62点
11月30日	……170.50点		7月19日	……175.00点
12月13日	……178.50点			

☑ 平均指数在9点及以上的波动

当你绘制这种走势图时，如果市场在上扬，那么走势图也持续向上，直至出现9点或9点以上的调整；如果市场在下跌，那么走势图上的趋势线也向下移动，直至出现9点或9点以上的反弹，这在9点摆动图上是一种反转。如果市场正在接近头部和底部，或出现了一些重要的转势信号，我们就要将少于9点的市场运动记录下来。只要研究这种走势图，你就会发现市场的运动幅度常常是9点～10点。接下来需要留心的重要周期依次是：18点～20点左右的市场运动，30点左右的市场运动，45点左右的市场运动，最后是50点～52点的市场运动。研究这些记录有助于你更加准确地判断市场主要长期波动的未来趋势，便于你进行长期投资，而在目前的税法下，这一点很重要，因为你必须至少持仓6个月或更久，所以一定要学习如何进行长期投资。

在下面的列表中，"A"后面的数字代表的是指数上涨的点数，"D"后面的数字代表的是从前一个的最高位下跌的点数。

1912年	10月8日	········94.12点		
1913年	6月11日	········72.11点	D	22.01点
	9月13日	········83.43点	A	11.32点
	12月15日	········75.27点	D	8.16点
1914年	3月20日	········83.43点	A	8.16点
	12月24日	········53.17点	D	30.26点
1915年	4月30日	········71.78点	A	18.61点
	5月14日	········60.38点	D	11.40点
	12月27日	········99.21点	A	38.83点
1916年	7月13日	········86.42点	D	12.79点
	11月21日	········110.15点	A	23.73点
	12月21日	········90.16点	D	19.99点
1917年	1月2日	········99.18点	A	9.02点
	2月2日	········87.01点	D	12.17点
	6月9日	········99.08点	A	12.07点
	12月19日	········65.95点	D	33.13点
1918年	10月18日	········89.09点	A	23.14点

1919年	2月8日	·········79.15点	D	9.94点
	7月14日	·········112.23点	A	33.08点
	4月20日	·········98.46点	D	13.77点
	11月3日	·········119.62点	A	21.16点
	11月29日	·········103.60点	D	16.02点
1920年	1月3日	·········109.88点	A	6.28点
	2月25日	·········89.98点	D	19.90点
	4月8日	·········105.65点	A	15.67点
	5月19日	·········87.36点	D	18.29点
	7月8日	·········94.51点	A	7.15点
	8月10日	·········83.20点	D	11.31点
	9月17日	·········89.75点	A	6.55点
	12月21日	·········66.75点	D	23.00点
1921年	5月5日	·········80.03点	A	13.28点
	6月20日	·········64.90点	D	15.13点
	7月6日	·········69.86点	A	4.96点
	8月24日	·········63.90点	D	5.96点
1922年	10月14日	·········103.43点	A	39.53点
	11月14日	·········93.11点	D	10.32点
1923年	3月20日	·········105.38点	A	12.27点
	10月27日	·········85.76点	D	19.62点
1924年	2月6日	·········101.31点	A	15.55点
	5月14日	·········88.77点	D	12.54点
	8月20日	·········105.57点	A	16.80点
	10月14日	·········99.18点	D	6.39点
1925年	1月22日	·········123.60点	A	24.42点
	2月16日	·········117.96点	D	5.64点
	3月6日	·········125.68点	A	7.72点
	3月30日	·········115.00点	D	10.68点
	4月18日	·········122.02点	A	7.02点
	4月27日	·········119.46点	D	2.56点
	11月6日	·········159.39点	A	39.93点

	11月24日	········148.18点	D	11.21点
1926年	2月11日	········162.31点	A	14.13点
	3月3日	········144.44点	D	17.87点
	3月12日	········153.13点	A	8.69点
	3月30日	········135.20点	D	17.93点
	4月24日	········144.83点	A	9.63点
	5月19日	········137.16点	D	7.67点
	8月24日	········166.64点	A	29.48点
	10月19日	········145.66点	D	20.98点
	12月18日	········161.86点	A	16.20点
1927年	1月25日	········152.73点	D	9.13点
	5月28日	········172.56点	A	19.83点
	6月27日	········165.73点	D	6.83点
	10月3日	········199.78点	A	34.05点
	10月22日	········179.78点	D	20.00点
1928年	1月3日	········203.35点	A	23.57点
	1月18日	········194.50点	D	8.85点
	1月24日	········201.01点	A	6.51点
	2月20日	········191.33点	D	9.68点
	3月20日	········214.45点	A	23.12点
	4月23日	········207.94点	D	6.51点
	5月14日	········220.88点	A	12.94点
	5月22日	········211.73点	D	9.15点
	6月2日	········220.96点	A	9.23点
	6月12日	········202.65点	D	18.31点
	6月14日	········210.76点	A	8.11点
	6月18日	········201.96点	D	8.80点
	7月5日	········214.43点	A	12.47点
	7月16日	········205.10点	D	9.33点
	10月1日	········242.46点	A	37.36点
	10月3日	········233.60点	D	8.86点
	10月19日	········259.19点	A	25.59点

	10月22日	·········250.08点	D	9.11点
	10月24日	·········260.39点	A	10.31点
	10月31日	·········248.96点	D	11.43点
	11月28日	·········299.35点	A	50.39点
	12月3日	·········283.89点	D	15.46点
	12月4日	·········295.61点	A	11.72点
	12月10日	·········254.36点	D	41.25点
1929年	1月3日	·········311.46点	A	57.10点
	1月8日	·········292.89点	D	18.57点
	1月25日	·········319.86点	A	26.97点
	1月30日	·········308.47点	D	11.39点
	2月1日	·········324.16点	A	15.69点
	2月8日	·········298.03点	D	26.13点
	2月13日	·········316.06点	A	18.03点
	2月18日	·········293.40点	D	22.66点
	3月1日	·········324.40点	A	31.00点
	3月6日	·········302.93点	D	21.47点
	3月15日	·········322.75点	A	19.82点
	3月26日	·········281.51点	D	41.24点
	3月28日	·········311.13点	A	29.62点
	4月1日	·········294.11点	D	17.02点
	4月5日	·········307.97点	A	13.86点
	4月10日	·········295.71点	D	12.26点
	4月23日	·········320.10点	A	24.39点
	4月26日	·········311.00点	D	9.10点
	5月6日	·········331.01点	A	20.01点
	5月9日	·········317.09点	D	13.92点
	5月11日	·········328.01点	A	10.92点
	5月13日	·········313.56点	D	14.45点
	5月15日	·········324.38点	A	10.82点
	5月16日	·········314.51点	D	9.87点
	5月17日	·········325.64点	A	11.13点

5月23日	·········300.52点	D	25.12点
5月24日	·········313.30点	A	12.78点
5月27日	·········291.80点	D	21.50点
5月29日	·········302.32点	A	10.52点
5月31日	·········290.02点	D	12.30点
6月7日	·········312.00点	A	21.98点
6月11日	·········301.22点	D	10.78点
6月18日	·········323.30点	A	22.08点
6月20日	·········314.32点	D	8.98点
7月8日	·········350.09点	A	35.77点
7月11日	·········340.12点	D	9.97点
7月12日	·········350.26点	A	10.14点
7月16日	·········339.98点	D	10.28点
7月17日	·········349.79点	A	9.81点
7月23日	·········339.65点	D	10.14点
7月24日	·········349.30点	A	9.65点
7月29日	·········336.36点	D	12.94点
8月5日	·········358.66点	A	22.30点
8月9日	·········336.13点	D	22.53点
8月26日	·········380.18点	A	44.05点
8月28日	·········370.34点	D	9.84点
9月3日	·········386.10点	A	15.76点
9月5日	·········367.35点	D	18.75点
9月7日	·········381.44点	A	14.09点
9月10日	·········364.46点	D	16.98点
9月12日	·········375.52点	A	11.06点
9月13日	·········359.70点	D	15.82点
9月19日	·········375.20点	A	15.50点
9月25日	·········344.85点	D	30.35点
9月26日	·········358.16点	A	13.31点
9月28日	·········341.03点	D	17.13点
10月2日	·········350.19点	A	9.16点

	10月4日	········320.45点	D	29.74点
	10月8日	········349.67点	A	29.22点
	10月9日	········338.86点	D	10.81点
	10月11日	········358.77点	A	19.91点
	10月17日	········332.11点	D	26.66点
	10月18日	········343.12点	A	11.01点
	10月19日	········321.71点	D	21.41点
	10月22日	········333.01点	A	11.30点
	10月24日	········272.32点	D	60.69点
	10月25日	········306.02点	A	33.70点
	10月29日	········212.33点	D	93.69点
	10月31日	········281.54点	A	69.21点
	11月7日	········217.84点	D	63.70点
	11月8日	········245.28点	A	27.44点
	11月13日	········195.35点	D	49.93点
	11月20日	········250.75点	A	55.40点
	11月27日	········233.39点	D	17.36点
	12月9日	········267.56点	A	34.17点
	12月13日	········239.58点	D	27.98点
	12月14日	········254.41点	A	14.83点
	12月20日	········227.20点	D	27.21点
	12月21日	········237.26点	A	10.06点
	12月23日	········226.39点	D	10.87点
	12月27日	········246.35点	A	19.96点
	12月30日	········235.95点	D	10.40点
1930年	1月10日	········252.91点	A	16.96点
	1月18日	········243.37点	D	9.54点
	2月13日	········275.00点	A	31.63点
	2月17日	········265.29点	D	9.71点
	2月19日	········273.35点	A	8.06点
	2月25日	········259.78点	D	13.57点
	3月10日	········279.40点	A	19.62点

3月15日	………268.97点	D	10.43点
3月21日	………284.08点	A	15.11点
3月22日	………274.63点	D	9.45点
4月16日	………297.25点	A	22.62点
4月22日	………284.28点	D	12.97点
4月23日	………293.27点	A	8.99点
4月29日	………272.24点	D	21.03点
4月30日	………283.51点	A	11.27点
5月5日	………249.82点	D	33.69点
5月7日	………272.15点	A	22.33点
5月8日	………257.74点	D	14.41点
5月14日	………277.22点	A	19.48点
5月20日	………260.76点	D	16.46点
6月2日	………276.86点	A	16.10点
6月12日	………241.00点	D	35.86点
6月13日	………251.63点	A	10.63点
6月18日	………212.27点	D	39.36点
6月20日	………232.69点	A	20.42点
6月25日	………207.74点	D	24.95点
7月1日	………229.53点	A	21.79点
7月8日	………214.64点	D	14.89点
7月18日	………242.01点	A	27.37点
7月21日	………228.72点	D	13.29点
7月28日	………243.65点	A	14.93点
7月31日	………229.09点	D	14.56点
8月5日	………240.95点	A	11.86点
8月13日	………214.49点	D	26.46点
9月10日	………247.10点	A	32.61点
9月30日	………201.95点	D	45.15点
10月3日	………216.85点	A	14.90点
10月10日	………186.70点	D	30.15点
10月15日	………201.64点	A	14.94点

	10月18日	········183.63点	D	18.01点
	10月20日	········194.44点	A	10.81点
	10月22日	········181.53点	D	12.91点
	10月28日	········198.59点	A	17.06点
	11月1日	········181.26点	D	17.33点
	11月3日	········187.23点	A	5.97点
	11月10日	········168.32点	D	18.91点
	11月15日	········187.59点	A	19.27点
	11月18日	········177.63点	D	9.96点
	11月21日~25日	········191.28点	A	13.65点
	11月28日	········178.88点	D	12.40点
	12月2日	········187.96点	A	9.08点
	12月17日	········154.45点	D	33.51点
	12月18日	········171.64点	A	17.19点
	12月29日	········158.41点	D	13.23点
1931年	1月7日	········175.32点	A	16.91点
	1月19日	········160.09点	D	15.23点
	1月23日	········172.97点	A	12.88点
	1月29日	········164.81点	D	8.16点
	2月26日	········195.95点	A	31.14点
	3月13日	········175.89点	D	20.06点
	3月20日	········189.31点	A	13.42点
	4月7日	········166.10点	D	23.21点
	4月14日	········173.24点	A	7.14点
	4月29日	········141.78点	D	31.46点
	5月9日	········156.17点	A	14.39点
	6月2日	········119.89点	D	36.28点
	6月5日	········138.89点	A	19.00点
	6月8日	········127.96点	D	10.93点
	6月9日	········138.88点	A	10.92点
	6月19日	········128.64点	D	10.24点
	6月27日	········157.93点	A	29.29点

	7月1日	·········147.44点	D	10.49点
	7月3日	·········156.74点	A	9.30点
	7月15日	·········134.39点	D	22.35点
	7月21日	·········147.69点	A	13.30点
	7月31日	·········133.70点	D	13.99点
	8月15日	·········146.41点	A	12.71点
	9月21日	·········104.79点	D	41.62点
	9月23日	·········117.75点	A	12.96点
	10月5日	·········85.51点	D	32.24点
	10月9日	·········108.98点	A	23.47点
	10月14日	·········96.01点	D	12.97点
	10月24日	·········110.53点	A	14.52点
	10月29日	·········98.19点	D	12.34点
	11月9日	·········119.15点	A	20.96点
	12月17日	·········71.79点	D	47.36点
	12月19日	·········83.09点	A	11.30点
1932年	1月5日	·········69.85点	D	13.24点
	1月14日	·········87.78点	A	17.93点
	2月10日	·········70.64点	D	17.14点
	2月19日	·········89.84点	A	19.20点
	2月24日	·········79.57点	D	10.27点
	3月9日	·········89.88点	A	10.31点
	5月4日	·········52.33点	D	37.55点
	5月7日	·········60.01点	A	7.68点
	6月2日	·········43.49点	D	16.52点
	6月15日	·········51.43点	A	7.94点
	7月8日	·········40.56点	D	10.87点
	8月8日	·········71.49点	A	30.93点
	8月13日	·········60.89点	D	10.60点
	9月8日	·········81.39点	A	20.50点
	9月15日	·········64.27点	D	17.12点
	9月22日	·········76.01点	A	11.74点

	10月10日	········57.67点	D	18.34点
	10月20日	········66.13点	A	8.46点
	11月3日	········57.21点	D	8.92点
	11月12日	········68.87点	A	11.66点
	12月3日	········55.04点	D	13.83点
1933年	1月11日	········65.78点	A	10.74点
	2月27日	········49.68点	D	16.10点
	3月16日	········64.56点	A	14.88点
	3月31日	········54.90点	D	9.66点
	4月20日	········75.20点	A	20.30点
	4月21日	········68.64点	D	6.56点
	6月13日	········97.97点	A	29.33点
	6月17日	········89.10点	D	8.87点
	7月18日	········110.53点	A	21.43点
	7月21日	········84.45点	D	26.08点
	7月27日	········97.28点	A	12.83点
	7月31日	········87.75点	D	9.53点
	8月25日	········105.60点	A	17.85点
	9月6日	········97.74点	D	7.86点
	9月18日	········107.68点	A	9.94点
	10月3日	········91.93点	D	15.75点
	10月9日	········100.58点	A	8.65点
	10月21日	········82.20点	D	18.38点
	12月11日	········103.97点	A	21.77点
	12月20日	········93.70点	D	10.27点
1934年	2月5日	········111.93点	A	18.23点
	3月1日	········101.93点	D	10.00点
	3月3日	········106.37点	A	4.44点
	3月27日	········97.41点	D	8.96点
	4月20日	········107.00点	A	9.59点
	5月14日	········89.10点	D	17.90点
	7月11日	········99.35点	A	10.25点

	7月26日	········84.58点	D	14.77点
	8月25日	········96.00点	A	11.42点
	9月17日	········85.72点	D	10.28点
1935年	1月7日	·······106.71点	A	20.99点
	1月15日	·······99.54点	D	7.17点
	2月18日	·······108.29点	A	8.75点
	3月18日	·······95.95点	D	12.34点
	5月28日	·······117.62点	A	21.67点
	6月1日	·······108.64点	D	8.98点
	9月11日	·······135.05点	A	26.41点
	10月3日	·······126.95点	D	8.10点
	11月20日	·······149.42点	A	22.47点
	12月16日	·······138.91点	D	10.51点
1936年	3月6日	·······159.87点	A	20.96点
	3月13日	·······149.65点	D	10.22点
	4月6日	·······163.07点	A	13.42点
	4月30日	·······141.53点	D	21.54点
	6月24日	·······161.15点	A	19.62点
	7月8日	·······154.85点	D	6.30点
	8月10日	·······170.15点	A	15.30点
	8月21日	·······160.52点	D	9.63点
	11月18日	·······186.39点	A	25.87点
	12月21日	·······175.31点	D	11.08点
1937年	3月10日	·······195.59点	A	20.28点
	3月22日	·······179.28点	D	16.31点
	3月31日	·······187.99点	A	8.71点
	4月9日	·······175.86点	D	12.13点
	4月22日	·······184.33点	A	8.47点
	4月28日	·······168.77点	D	15.56点
	5月5日	·······176.81点	A	8.04点
	5月18日	·······166.20点	D	10.61点
	5月24日	·······176.25点	A	10.05点

6月14日	………163.73点	D	12.52点
8月14日	………190.38点	A	26.65点
9月13日	………154.94点	D	35.44点
9月15日	………165.16点	A	10.22点
9月24日	………146.22点	D	18.94点
9月30日	………157.12点	A	10.90点
10月6日	………141.63点	D	15.49点
10月7日	………150.47点	A	8.84点
10月19日	………115.84点	D	34.63点
10月21日	………137.82点	A	21.98点
10月25日	………124.56点	D	13.26点
10月29日	………141.22点	A	16.66点
11月8日	………121.60点	D	19.62点
11月12日	………135.70点	A	14.10点
11月23日	………112.54点	D	23.16点
12月8日	………131.15点	A	18.61点
12月14日	………121.85点	D	9.30点
12月21日	………130.76点	A	8.91点
12月29日	………117.21点	D	13.55点
1938年 1月15日	………134.95点	A	17.74点
2月4日	………117.13点	D	17.82点
2月23日	………132.86点	A	15.73点
3月31日	………97.46点	D	35.40点
4月18日	………121.54点	A	24.08点
4月20日	………112.47点	D	9.07点
4月23日	………119.21点	A	6.74点
5月1日	………109.40点	D	9.81点
5月10日	………120.28点	A	10.88点
5月27日	………106.44点	D	13.84点
7月25日	………146.31点	A	39.87点
8月12日	………135.38点	D	10.93点

	8月24日	⋯⋯⋯145.30点	A	9.92点
	9月14日	⋯⋯⋯130.38点	D	14.92点
	9月21日	⋯⋯⋯140.20点	A	9.82点
	9月28日	⋯⋯⋯127.85点	D	12.35点
	11月10日	⋯⋯⋯158.90点	A	31.05点
	11月28日	⋯⋯⋯145.21点	D	13.69点
1939年	1月5日	⋯⋯⋯155.47点	A	10.26点
	1月26日	⋯⋯⋯136.10点	D	19.37点
	3月10日	⋯⋯⋯152.71点	A	16.61点
	4月11日	⋯⋯⋯120.04点	D	32.67点
	6月9日	⋯⋯⋯140.75点	A	20.71点
	6月30日	⋯⋯⋯128.75点	D	12.00点
	7月25日	⋯⋯⋯145.72点	A	16.97点
	8月24日	⋯⋯⋯128.60点	D	17.12点
	8月30日	⋯⋯⋯138.07点	A	9.47点
	9月1日	⋯⋯⋯127.51点	D	10.56点
	9月13日	⋯⋯⋯157.77点	A	30.26点
	9月18日	⋯⋯⋯147.35点	D	10.42点
	10月26日	⋯⋯⋯155.95点	A	8.60点
	11月30日	⋯⋯⋯144.85点	D	11.10点
1940年	1月3日	⋯⋯⋯153.29点	A	8.44点
	1月15日	⋯⋯⋯143.06点	D	10.23点
	4月8日	⋯⋯⋯152.07点	A	9.01点
	5月21日	⋯⋯⋯110.61点	D	41.46点
	5月23日	⋯⋯⋯117.84点	A	7.23点
	5月28日	⋯⋯⋯110.51点	D	
	6月10日	⋯⋯⋯110.41点	D	7.43点
	11月8日	⋯⋯⋯138.77点	A	28.36点
	12月23日	⋯⋯⋯127.83点	D	10.94点
1941年	1月10日	⋯⋯⋯134.27点	A	6.44点
	2月19日	⋯⋯⋯117.43点	D	16.84点

	4月4日	········125.28点	A	7.85点
	5月1日	········114.78点	D	10.50点
	7月22日	········131.10点	A	16.32点
	12月24日	········105.52点	D	25.58点
1942年	1月6日	········114.96点	A	9.44点
	4月28日	········92.69点	D	22.27点
1943年	7月15日	········146.41点	A	53.72点
	8月2日	········133.87点	D	12.54点
	9月20日	········142.50点	A	8.63点
	11月30日	········128.94点	D	13.56点
1944年	7月10日	········150.88点	A	21.94点
	9月7日	········142.53点	D	8.35点
1945年	3月6日	········162.22点	A	19.69点
	3月26日	········151.74点	D	10.48点
	6月26日	········169.55点	A	17.81点
	7月27日	········159.95点	D	9.60点
	12月10日	········196.59点	A	36.64点
	12月20日	········187.51点	D	9.08点
1946年	1月17日	········205.03点	A	17.52点
	1月21日	········195.52点	D	9.51点
	2月4日	········207.49点	A	11.97点
	2月13日	········197.65点	D	9.84点
	2月16日	········205.35点	A	7.70点
	2月26日	········184.05点	D	21.30点
	4月18日	········209.36点	A	25.31点
	5月6日	········199.26点	D	10.10点
	5月29日	········213.36点	A	14.10点
	6月21日	········198.98点	D	14.38点
	7月1日	········208.59点	A	9.61点
	7月24日	········194.33点	D	14.26点
	8月14日	········205.01点	A	10.68点

	9月4日 ········173.64点	D	31.37点
	9月6日 ········181.67点	A	8.03点
	9月10日 ········166.56点	D	15.11点
	9月16日 ········176.26点	A	9.70点
	9月19日 ········164.09点	D	12.17点
	9月26日 ········175.45点	A	11.36点
	10月10日 ········161.61点	D	13.84点
	10月16日 ········177.05点	A	15.44点
	10月30日 ········160.49点	D	16.56点
	11月6日 ········175.00点	A	14.51点
	11月22日 ········162.29点	D	12.71点
1947年	1月7日 ········179.24点	A	16.95点
	1月16日 ········170.13点	D	9.11点
	2月10日 ········184.96点	A	14.83点
	3月15日 ········171.97点	D	12.99点
	3月28日 ········179.68点	A	7.71点
	4月15日 ········165.39点	D	14.29点
	5月5日 ········175.08点	A	9.69点
	5月19日 ········161.38点	D	13.70点
	7月25日 ········187.66点	A	26.28点
	9月9日 ········174.02点	D	13.64点
	10月20日 ········186.24点	A	12.22点
1948年	2月11日 ········164.09点	D	22.15点
	6月14日 ········194.49点	A	30.40点
	7月19日 ········179.50点	D	14.99点
	7月28日 ········187.00点	A	7.50点
	8月11日 ········176.50点	D	10.50点
	9月7日 ········185.50点	A	9.00点
	9月27日 ········175.50点	D	10.00点
	10月26日 ········190.50点	A	15.00点
	11月30日 ········170.50点	D	20.00点

1949年	1月7日和24日 ·········182.50点	A	12.00点
	2月25日 ·········170.50点	D	12.00点
	3月30日 ·········179.15点	A	8.65点
	6月14日 ·········160.62点	D	18.53点
	7月18日 ·········174.44点	A	13.82点

☑ 所有9点及以上的波动

1912年10月8日~1949年6月14日，这37年间总共出现过464次幅度在9点或9点以上的市场波动，平均下来大约是每个月出现一次9点波动。此外，这37年里还出现过54次幅度小于9点的市场波动。

在这464次波动中，9点~21点的市场波动共有271次，大约占总数的一半；21点~31点的市场波动共有61次，大约占总数的1/4；31点~51点的市场波动有36次，约占总数的1/8。

幅度大于51点的市场波动仅有6次，而且都出现在1929年，当时的股市经历了有史以来最疯狂的阶段。

以上数字证明，大多数重要的市场趋势波动都在9点~21点之间，由此可见，这些区间的波动对于研判趋势指向来说最为重要。

小于9点的市场波动地位次之，假如从一个低位的反弹未能超过9点，就说明市场处于弱势，指数还将继续走低；同样，在上升行情中，如果平均价格指数的回调小于9点，就说明市场仍处于强势，指数还将继续走高。

一般情况下，如果大势反转向上，而且平均价格指数上涨了10点或更多，那么指数就应该继续上扬，能从低位上涨20点或更多。

当熊市来临以后，如果指数的跌幅超过10点，那它就会继续下跌20点或20点以上。如果平均价格指数的波动幅度超过了21点，那么你接下来要关注的就是从极限最高点和极限最低点开始的30点~31点的波动幅度。之所以这样说是因为，在市场朝相反方向运行10点或10点以上之前，幅度超过31点的波动占的比例极小。

☑ 波动30点的例子

1938年3月15日，最高点127.50点；3月31日，极限最低点97.50点，指数下跌了30点。

1938年9月28日，最低点127.50点；11月10日，年内最高点158.75点，指数上涨了31.25点。

1939年9月1日，最低点127.50点。同一天，希特勒发动了第二次世界大战。

1939年9月13日，年内极限最高点157.50点，指数正好上涨了30点。

1946年2月4日，最高点207.5点；2月24日，最低点184.04点，指数下跌了近24点。

1948年2月11日，最低点164.04点；6月14日，年内最高点194.49点，指数上涨30.40点。

1949年6月14日，最低点160.62点，自1948年的最高点起，指数下跌了33.87点。

由这些数字可以看出，当波动幅度在30点左右时常常会产生这个特定市场波动的极限最高点或极限最低点，在正常的市场状态下，这种现象尤为常见。而在非正常的市场中，如1928年、1929年和1930年的股市，股价奇高，波动剧烈，波动幅度要远远超出30个点，这些非正常时期的波动自然无法与正常时期同日而语。

第八章

出现高顶和深底的月份

回顾以往那些在重要行情接近尾声时出现的最高点非常重要，之所以这样说是因为，股票的运动受季节性变化的影响，而且会在牛市即将结束，或是一轮大行情或小行情即将结束的某个月份创出极限高顶。

☑ 出现过高顶的月份

1881年1月和6月的最高点	1909年10月
1886年12月	1911年2月和6月
1887年4月	1912年10月
1890年5月	1914年3月
1892年3月	1915年12月
1895年9月	1916年11月
1897年9月	1918年10月
1899年4月和9月	1919年11月
1901年4月和6月	1923年3月
1906年1月	1929年9月

1930年4月	1939年9月
1931年7月	1940年11月
1932年9月	1941年7月和9月
1933年7月	1943年7月
1934年2月	1946年5月
1937年3月	1947年2月、7月和10月
1938年1月	1948年6月
1938年11月	1949年1月

由上表中可以看到，在1881—1949年间的股票市场中，总共出现了35次大的波动，或者称之为行情。下面我们来看一下12个月中，每个月出现顶部或最高点的次数。

1月——出现4个高点

2月——出现4个高点

3月——出现4个高点

4月——出现4个高点

5月——出现2个高点

6月——出现4个高点

7月——出现4个高点

8月——没有出现高点

9月——出现8个高点

10月——出现4个高点

11月——出现4个高点

12月——出现2个高点

上面的数字显示，在35轮行情中，指数在9月出现了8次顶部，由此，我们可以判定，如果一轮牛市已经运行了相当长的时间，那么9月就是要提防顶部出现的重要月份。除此以外，在1月、2月、3月、4月、6月、7月、10月和11月的市场中各出现过4次顶部，5月和12月分别出现过2次顶部，只有8月一次也未出现。这些数字就是一种信号，它在告诉你一轮大牛市或小牛市的尾声会出现在哪些月份里。

☑ 出现过深底的月份

在某些月份中，熊市或下跌行情的终点出现的频率明显要比其他月份高。因此，对于你来说，知道这些极限深底的出现时间十分重要。列表如下：

1884年6月	1917年12月
1888年4月	1919年2月
1890年12月	1921年8月
1893年7月	1923年10月
1896年8月	1929年11月
1898年3月	1930年12月
1900年9月	1932年7月
1901年1月	1933年2月
1903年11月	1933年10月
1907年11月	1934年7月
1910年7月	1937年11月
1911年7月	1938年3月
1913年6月	1939年4月
1914年12月	1940年5月和6月
1916年4月	1941年5月

1942年4月	1947年5月
1943年11月	1948年7月和3~11月
1946年10月	1949年6月

从上面的数字，你可以看到在36轮下跌行情或熊市中，市场跌至于下列月份，或到达最后的底部的累积次数。

1月——1次极限最低点

2月——3次极限最低点

3月——2次极限最低点

4月——4次极限最低点

5月——3次极限最低点

6月——4次极限最低点

7月——5次极限最低点

8月——2次极限最低点

9月——1次极限最低点

10月——3次极限最低点

11月——6次极限最低点

12月——4次极限最低点

你会注意到有5次熊市结束于7月，6次结束于11月，因此，当股市已经下跌了很长的时间后，在7月或11月见底的可能性就会很大。除7月和11月外，4月、6月和12月是出现见底次数最多的月份，也是需要留心跌势终点的次要月份。

在36轮市场波动中，1月和9月分别出现过1次最低点，因此，在考虑熊市的结束时，可将这两个月份排除在外。3月出现过2次极限最低点，如果市场已经下跌了一段时间，那么你可以预计深底出现在4月可能性要大于3月。就像要结合工业股票平均价格指数和公用事业股平均指数来研究以往股市的时间段一样，你也可以结合个股价格来研究个股波动的时间周期。

☑ 每年的月高点和月低点

记录下每年中出现极限最高点和极限最低点的时间十分重要。下表中记录的是出现过最高点和最低点的月份，而且在1897年后，日期更为精确。

	最高点	最低点
1881年	1和5月	2、9和12月
1882年	9月	1和11月
1883年	4月	2和10月
1884年	2月	6和12月
1885年	11月	1月
1886年	1和12月	5月
1887年	5月	10月
1888年	10月	4月
1889年	9月	3月
1890年	5月	12月
1891年	1月和9月	7月
1892年	3月	12月
1893年	1月	7月26日（极限最低点）
1894年	4月和8月	11月
1895年	9月	12月
1896年	4月17日	8月8日
1897年	9月10日	4月19日

1898年	8月26日和12月17日	3月25日
1899年	4月4日和9月2日	12月18日、6月25日和9月24日
1900年	12月27日	12月24日
1901年	6月3日	
1902年	4月18日和9月19日	12月15日
1903年	2月16日	11月9日
1904年	12月5日	2月9日
1905年	12月29日	1月25日
1906年	1月19日	7月13日
1907年	1月7日	11月15日
1908年	11月13日	2月13日
1909年	10月2日	2月23日
1910年	1月22日	7月26日
1911年	2月4日和6月14日	9月25日
1912年	9月30日	1月2日
1913年	1月9日	6月21日
1914年	3月20日	12月24日
1915年	12月27日	1月24日
1916年	11月25日	4月22日
1917年	1月2日	12月19日
1918年	10月18日	1月15日
1919年	11月3日	2月8日
1920年	1月3日	12月21日
1921年	5月5日	8月24日
1922年	1月5日	10月14日
1923年	3月20日	10月27日
1924年	11月18日	5月14日
1925年	11月6日	3月6日
1926年	8月14日	3月30日
1927年	12月20日	1月25日
1928年	12月31日	2月20日
1929年	9月3日	11月13日

1930年	4月16日	12月17日
1931年	2月24日	10月5日
1932年	3月9日	7月8日
1933年	7月18日	2月27日和10月21日
1934年	2月5日	7月26日
1935年	11月8日	3月18日
1936年	12月15日	4月30日
1937年	3月10日	11月23日
1938年	11月10日	3月31日
1939年	9月13日	4月11日
1940年	1月3日	6月10日
1941年	1月10日	12月24日
1942年	12月28日	4月28日
1943年	7月15日	1月7日
1944年	12月16日	2月7日
1945年	12月10日	1月24日
1946年	5月29日	10月30日
1947年	7月25日	5月19日
1948年	6月14日	2月11日
1949年	1月7日	6月14日

☑ 各月出现高顶的次数

1月——69年中有14次最高点

2月——69年中有5次最高点

3月——69年中有5次最高点

4月——69年中有6次最高点

5月——69年中有5次最高点

6月——69年中有3次最高点

7月——69年中有3次最高点

8月——69年中有3次最高点

9月——69年中有10次最高点

10月——69年中有3次最高点

11月——69年中有8次最高点

12月——69年中有13次最高点

由上述的统计数字中我们可以看到，1月出现过14次最高点，而12月出现过13次，因此，当市场已经上涨了相当长的一段时间后，我们就可以预估最高点最可能出现在12月或1月，其次需要预防的是出现10次最高点的9月，再次是出现过8点的11月，随后是最高点分别出现过5次、6次和5次的3月、4月和5月。而剩下的6月、7月、8月和10月只分别出现过3次最高点，因此，你不必对指数在这些月份到达极限最高点抱过高期望。

☑ 各月出现深底的次数

1月——69年中有9次极限最低点

2月——69年中有10次极限最低点

3月——69年中有6次权限最低点

4月——69年中有6次极限最低点

5月——69年中有3次极限最低点

6月——69年中有5次极限最低点

7月——69年中有6次极限最低点

8月——69年中有2次极限最低点

9月——69年中有2次极限最低点

10月——69年中有7次极限最低点

11月——69年中有6次极限最低点

12月——69年中有13次极限最低点

由上面的数字可以看到，见底次数最多的是12月，其次是2月，因此，要想留心深底和转势，12月份和2月份是最重要的，接下来是分别出现过9次和7次最低点的1月和10月，然后是分别出现过6次最低点的3月、4月和11月份。除此之外，5月出现过3次最低点，8月和9月分别出现过2次最低点，后面这些月份出现最低点的次数是最少的。

如果我们把最高点和最低点放在一起来考虑，就会发现，在过去的69年中，出现最高点和最低点次数最多的月份分别是9月、12月、1月和2月，因此，只要指数已经上涨或下跌了很长一段时间，这些就是需要留心转势的最重要的月份。通过观察以往出现高顶和深底的月份，可以帮助你预估下一次转势出现的时间，此外，你还应当研究以往最高点和最低点出现的确切日期，以便将来在相同的日期附近留心转势的出现。

☑ 道琼斯30种工业股票平均价格指数的波动周期

我们考察了1912年10月8日~1949年6月14日的工业股平均价格指数，然后记录下市场中较大的涨跌行情，它们的特点是持续时间相对较短，指数会经历骤升或骤降。在这期间，这样的跌涨共出现了292次。

3~11天——有41次涨跌行情处于这个时段，占总数的比例约为1：7。

11~21天——有65次涨跌行情处于这个时段，比例约为1：4.5。

22~35天——有65次涨跌行情处于这个时段，比例约为1：4.5。

在11~35天这个时段中，共出现了130次涨跌行情，占总数的30%以上，由此可见，这是最容易出现极限最高点或极限最低点的时段，需要特别注意。

36~45天——有31次涨跌行情处于这个时段，比例约为1：9.5。

43~60天——有33次涨跌行情处于这个时段，比例约为1：9。

61~95天——有20次涨跌行情处于这个时段，比例约为1：14.5。

96~112天——有13次涨跌行情处于这个时段，比例约为1：22.5。

有12次涨跌行情的持续时间超过了112天，比例约为1：22。

掌握这些关于波动的时间周期的知识将有助于你运用其他的规则，研判市场会在什么时候出现转势。

第九章

通过比较6月份的最低点来预测未来最高点

1949年6月14日，道琼斯30种工业股票平均价格指数曾跌至160.62点，但截至我撰写本书时的1949年7月19日，它已经上涨到了175点。我们将1949年6月14日假定为市场开始转牛的起点，然后比较以往在6月份出现的最低点以及市场随后的波动走向，就可找到用来判断未来市场走势的线索。

1913年6月11日，最低点72.11点；9月13日，最高点83.43点，这轮涨势持续了3个月。

1914年3月20日，最高点83.49点，与9月13日的最高点相应，它们共同构成了市场的双顶，这轮上涨行情起始于1913年6月的最低点，历时9个月。从1914年3月起，大势调头向下，到了6月份，指数已经跌到了81.84点，略低于前面的双顶，从这个价位开始，下跌行情一直继续，直至出现1914年12月的恐慌性暴跌才结束，此时平均指数已经跌到了53.17点。

1921年6月20日，最低点66点，这是熊市的第一个底。

1921年8月24日，最低点64点，这是熊市的最后一个底，一轮牛市由此开始。

1923年3月20日，最高点105.25点，21个月里指数上涨了41点。至此，一直持续到1929年的大牛市的第一段行情即将结束。

1930年6月25日，最低点208点，这是熊市在第一年所构筑的一个最低点，因此我们不能指望一轮牛市会在此展开。

9月10日，最高点247点，77天内指数上涨了39点，这是本轮熊市中唯一的一次反弹。

1937年6月14日，最低点163.75点。

8月14日，最高点190.50点，61天内指数上涨了36.75点。这只是熊市中的一个反弹，因为早在1937年3月，牛市就已经结束了。

1940年6月10日，最低点110.50点。

11月8日，最高点138.50点，147天内指数上涨了28点。这是熊市中的一次反弹。从此6月份就再也没有出现过更重要的底，这种情况一直持续到1949年6月14日（这是一轮开始于1948年6月14日，历时1年的下跌行情）才结束。

在使用这些均于6月份形成最低点的时间周期时，1921年6月的最低点是尤其需要注意的，因为那是一轮持续时间长达20个月的熊市的结尾阶段。因此，以1949年6月14日为基点，加上与1921—1923年的上涨周期相同的时间跨度，我们就算出了1951年3月14日，这个有可能是一轮牛市的起点的日期。假定从1949年6月14日开始计算，而本轮熊市中仅会出现一次反弹，那么反弹起始和结束时间周期就可能是8月14日、31日，以及12月27日。与以前的时间周期相比，其他几个反弹起始和结束的时间周期可能出现在1950年4月，以及1950年6月里。

1945年7月27日，最后一次见底。截至1949年7月27日，一轮涨势结束，历时48个月。

1949年8月27日，间隔49个月，与1938—1942年最低点的时间周期，以及1942年4月~1946年5月最高点的时间周期相同。

因此，1949年7月27日是出现转势的一个重要日子。若到时趋势真的向上，或到期后不久趋势就开始向上，那么指数应该可以走得很高。

1938年11月10日，最高点158.75点；1942年4月28日，指数创下最后的最低点，二者之间相距约42个月。1945年，平均价格指数突破了158.75点，在此之前大盘曾在这个点位下方运行了6年零3个月。如今，指数已经站在了158.75点之上达50个月之久，因此，一旦市场跌破160点这个位置，就预示着会出现大幅下跌，因为它站在其上的时间已经足够久了。

鉴于平均价格指数曾于1946年5月29日到达过一次极限最高点，现在又已经在53点的范围内运行了37个月，且没有跌破1946年10月30日的底（这个底是历时5个月的下跌过程中第一跌的最低点），因此，如果平均价格指数能够这个低位上停留很长一段时间后开始上涨，并进入强势，那么这种上涨就可能持续很长时间，并创出高价。

☑ 周年纪念日

我之所以撰写这本《江恩华尔街45年》，是为了能教给读者一些有关时间周期的全新规则，这些规则极有价值，可以帮你预测出未来最高点和最低点的出现时间，只要你善加运用，必能从中受益。

在研究过程中我发现，股票会在它们已经到达过最高价和最低价的月份出现重要的转势，我将这些日子称为周年纪念日（Anniversary Date），这些日子需要你时时留心，因为市场每年都可能在这些日子里出现转势。

1929年9月3日，指数开创历史新高。

1932年7月8日，指数回落到了自1897年来的最低位，连同上面的9月3日，这两个日子对于研究转势来说意义重大。由如下记录中可以看到这些日子所具有的价值。

1930年9月30日，大跌前的最后一个最高点。

1931年8月29日，一轮大跌行情开始。这个日期仅与被我称为周年纪念日的9月3日相差5天。

1932年7月8日，出现极限最低点。

1932牛9月8日，出现牛市中第一轮反弹的最高点。

1933年7月18日，指数升至当年的最高点。9月18日，次级反弹的最高点，随后开始了一轮新的下跌。

1934年7月26日，指数升至当年的最低点。9月17日，指数抵达上涨前的最后一个谷底位置。

1935年7月21日，上涨行情创出新高。指数在回调至8月2日后，重新开始上扬。

1935年9月11日，指数上涨至当时的最高点，之后开始回调，至10月3日后又突破了9月11日的最高点，继续攀升。

1936年7月28日，指数到达当时的最高点，随后市场开始调整，之后又继续走高。

1936年9月8日，指数创下最高点，然后回调至9月17日，之后继续上扬。

1937年7月，没有出现重要的顶部或底部。

1937年9月15日，形成大跌前的最后一个最高点。

1938年7月25日，形成大调整前的最高点。9月28日，抵达一轮大涨势前的最后一个最低点。

1939年7月25日，形成一个顶部，之后开始了一轮至9月1日方才结束的调整下跌。

1939年9月1日，最低点。9月13日，一轮30点上升行情的最高点。

1940年7月3日，20点涨势前的最低点。9月13日，截止到11月8日的上升行情前的最低点。

1941年7月22日，最后一轮反弹的最高点。9月18日，大跌前的最后一个最高点。

1942年7月9日和16日，调整前的最后一个最高点。9月11日，大涨势前的最后一个最低点。

1943年7月15日，13点跌势前的最高点。9月20日，截止到11月30日的下跌行情前的最高点。

1944年7月10日，截止到9月7日的一轮调整前的最高点。

1944年9月，一轮大涨势前的最后一个最低点。

1945年7月27日，最低点159.95点。直至撰写本书时的1949年7月2日，这个最低点仍未被跌穿。

1945年9月17日，指数大涨前的最低点。

1946年7月1日，指数大跌前的最后一个最高点。

1946年9月6日，小反弹的最高点，随后指数持续下跌直至10月30日。

1947年7月25日，市场下跌前的最高点。9月9日~26日，截止到10月20日的一轮上升行情前的最后两个底。

1948年7月12日，截止到9月27日的下跌行情前的最后一个最高点。

1948年9月27日，最后一个最低点，市场随后开始反弹，直至10月26日结束。

1949年，注意7月8日、15日、25日和28日，这些日子里可能出现重要的转势。

9月2日~10日、15日、20日~27日，这些日子里也可能出现转势。

请大家注意，每一年，都不要忘记关注这些周年纪念日，以及其他创下极限最高点和极限最低点的日期，如1937年3月8日、1938年3月31日、1942年4月28日、1946年5月29日，等等。如果你肯用心研究和比较股市波动的时间周期，同时又不忘遵循本书中其他的那些规则，那么你早晚会体会到时间周期对于预测转势的重大价值。

☑ 重大消息

当诸如战争爆发、结束，或是总统就职典礼、总统选举等重大消息出现时，必须着重考虑同一时刻的平均价格指数和个股的价格走势，观察趋势是向上还是向下，以及这些重大消息出现后的市场变化。

1914年7月30日，第一次世界大战爆发，道琼斯工业股票平均价格指数为71.42点，12月24日跌入极限最低点53.17点。

1915年4月30日，最高点71.78点，指数涨回了一战爆发时的价位。随后指数回调，直至5月14日创下最低点60.38点。6月22日，平均指数又回到了71.90点，然后从这个位置开始出现了一波小调整，直至7月9日跌到最低点67.88点，随后又调头向上，突破了战争爆发时的最高点，并不断创出新高。

1918年11月11日，第一次世界大战结束。平均价格指数在11月9日抵达88.07点，这也是本年度最后一个最高点。1919年3月，指数第一次突破这个最高点，而后一路上扬，直至1919年11月3日到达119.62点，再创新高。

接下来是1939年9月1日这个重要的战争日，在这一天指数跌至最低点127.51点，但9月13日便又涨至峰顶157.77点。我们给出的阻力位出现在127点~130点，而市场的实际行情与此别无二致。

1939年8月24日，128.60点；9月1日，127.51点。

1940年8月12日，最高点127.55点；9月13日，最低点127.32点；12月23日，最低点127.83点。

1941年7月27日，最低点126.75点；9月30日，最高点127.31点。

1943年2月2日，最低点126.38点；3月22日，最低点128.67点；4月13日，最低点129.79点；4月30日，最低点128.94点，之后市场开始大幅上扬。

我们发现，平均价格指数总会在几乎相同的位置上多次出现最高点和最低点，原因是什么？答案是，在这些价位附近隐含着某种百分比数。

1896年，最低点28.50点，加上350%，得到128.25点。

1921年，最低点64点，加上100%，得到128点。

1929年，最高点386.10点，其1/3是128.70点。

1929年的最高点386.10点至1932年的最低点40.56点，这个区间的1/4是126.70点。

1932年的最低点40.56点至1946年的最高点213.36点，这个区间的1/2是126.96点。

1937年，最高点195.59点，其2/3是130.32点。

1937年的最高点195.59点至1938年的最低点97.46点，这个区间的1/3是

130.17点。

1942年的最低点92.69点至1937年的最高点195.59点，这个区间的3/8是130.40点。

在这些价位附近总共出现了8个阻力位，每个阻力位都隐含着一定的百分比数，而且市场曾先后在这些位置附近形成过11次顶部和底部，由此可见，从每一个重要的最高点或最低点计算百分比点和阻力位是十分重要的。

☑ 193点~196点的阻力位

1929年11月13日，最低点195.35点。

1931年2月24日，最高点196.96点。

1937年3月10日，最高点195.59点。

1948年6月14日，最高点194.49点。

在这个位置附近曾出现过4个重要的顶部和底部，原因是：

1929年，最高点386.10点，其1/2是193.05点，这是一个非常重要的阻力位。

1921年，最低点是64点，加上200％就得到了192点。

1930年4月16日，最高点297.25点，至1942年的最低点92.69点，这个区间的1/2是194.97点。

1932年的最低点40.56点加上其375％，就得到了192.66点。

1945年7月27日，最低点159.95点，1946年5月29日的最高点213.36点，这个区间的2/3是195.56点。

1939年9月1日的最低点127.51点，加上其50%，就得到了191.26点。

1939年的最低点为127.51点，1942年，最低点92.69点，加上这个区间幅度的200%，就得到了197.15点。

1945年3月26日，最低点151.74点。这是平均价格指数在那次创出新高的行情前出现的最后一个最低点。

最后的最高点213.36点，其2/3为192.74点。截至这里一共出现了8个重要的阻力位，这便是平均价格指数会在这些位置附近做出3次重要的顶部和1次重要的底部的原因。如果这场牛市持续到1949年或1950年，并突破196点，然后收在这个价位之上，就表示指数会继续上扬，而且还将出现一个重要的阻力位。

☑ 1941年12月7日，对日作战起始日

12月7日，星期天，这一天日本偷袭了珍珠港（Pearl Harbor）。12月6日，道琼斯平均价格指数的最低点是115.74点，并收在了116.60点上，12月8日，平均指数的最高点是115.46点，之后，指数一直下跌至1942年4月28日的极限最低点92.69点，由此可见，12月8日的最高点115.46点极为重要，只要平均价格指数突破这一点，就表明股市还会大涨。

1943年10月13日，最高点115.80点，指数与1941年12月6日的最低点和12月8日的最高点相同。1943年10月28日，最低点112.57点，15天内指数仅回调了3点，这表明市场上升势头强劲。

1943年11月9日，最高点118.18点。平均价格指数已经突破了1941年12月

8日的最高点，这是市场将进一步走高的征兆。之后的回调中，指数跌到了12月24日的最低点113.46点，在45天内下跌不到5点，不低于战争爆发时的最低点3点，这说明市场的支撑良好，指数将会走高。平均价格指数持续上涨，至1945年2月突破了127.51点，也就是1939年9月1日德国发动第二次世界大战时的市场最低点。

1945年5月6日，德国投降，平均价格指数继续上扬。6月26日，指数到达最高点169.15点，高出1938年的最高点10点，而且突破了158点~163点间的所有阻力位，指数必然大涨。

1945年7月27日，最低点159.95点，31天内指数下跌了不到10点，并收在了强阻力位上方，这意味着指数还会继续上扬。

1945年8月14日，日本投降。平均价格指数在8月9日到达最后的底部161.14点，此时，注意159.95点和161.14点这两个位置，它们出现在战争结束时，而且指数收在了1938年的最高点之上，这个点位已经支撑住了3次不同的下跌，使它们没有触及160点，由此可以判定，这两个位置是重要的支撑位。

以上所有例子都证明了从重要的顶部和底部计算出的阻力位和百分比点有多么重要，它能帮你预测出下一个顶部或底部的出现位置。我们应该将所有的时间规则、3日图和9点摆动图结合运用以便预测未来买卖点的时间和价位，要像分析平均价格指数时那样运用所有的规则来解析个股。

☑ 158点~163点的阻力位

下面这些数据证实了这些价位对于出现极限最高点和极限最低点的顶部

和底部有多重要。

　　1937年6月14日，最低点163.73点。

　　1938年11月10日，最高点158.90点。

　　1939年9月13日，最高点157.77点。

　　1945年3月6日，最高点162.22点。

　　1945年7月27日，最低点159.95点。

　　1946年10月30日，最低点160.49点。

　　1947年5月19日，最低点161.38点。

　　1949年6月14日，最低点160.62点。

　　这些价位附近总共出现了3个最高点和5个最低点。1946—1949年的最后3个重要的底部均出现在这些价位附近，市场在此都获得了支撑并出现反弹。下面我们给出的指数百分比数说明了这些价位附近出现支撑位或买入点，以及阻力位和卖出点的原因。市场的顶部和底部在这些位置附近出现得如此频繁，其中隐含着某些数学规律。

　　从1896年的最低点28.50点到1929年的最高点386.10点，这个区间的3/8是162.60点。

　　1921年的最低点64点加上其150%是160点。

　　1932年的最低点40.56点至1937年的最高点195.59点，这个区间的3/4是156.84点。

　　1932年的最低点40.56点加上其300%是162.24点。

　　1932年9月8日的最高点81.39点加上其100%是162.78点。

　　1933年10月21日的最低点82.20点加上其100%是164.40点。

　　1938年3月31日的最低点97.64点至1937年的最高点195.59点，这个区间的

5/8是158.90点，这正好是1938年11月10日的最高点。

1939年9月1日的最低点127.51点至1942年4月28日的最低点92.69点，这个时间段的起点是第二次世界大战爆发的时间，终点是随后出现的极限最低点，期间指数跌幅为34.82点，加上127.51点，就得到了162.33点。

1945年3月26日的最低点151.74点至极限最高点213.36点，这个区间的1/8是159.47点。

1946年，最高点213.36点，这个指数的75%是160.02点。

以上我们列出了10个阻力位，并证明了为什么市场会在这些价位附近见顶或见底8次。1949年6月14日指数第3次到达这个位置，以及到7月18日撰写本文为止指数反弹至174.40点这些事实均说明指数处于强势，但如果指数收在了160点以下，就是市场下跌的明确信号。因为这将是指数第4次到达这个价位，而由我们的规则可知，此时股市必将继续下跌。

第十章

纽约股票交易所的成交量及股市回顾

本章中所收集的纽约股票交易所的成交量是对我的著作《新股票趋势探测器》第81页内容的延续，它将我对成交量的研究往前推进到了1949年6月30日。

起始于1932年7月8日的牛市一直持续到了1937年3月10日，在这个区间内平均价格指数上涨了155点。

1936年，纽约股市成交量逐渐放大，其中尤以1月和2月为最。1938年全年的成交量达到了496 138 000股。

1937年，1月、2月和3月的成交量很大，而1月份的成交量更创下全年最高。自3月起，市场开始下跌后，成交量逐步萎缩到了8月份的17 213 000股。10月份指数大突破，成交量随之放大到了51 000 000股以上。1937年全年的成交量是409 465 000股，对比1936年，大幅度减少。

1938年，指数在3月31日到达最后的底部，与1937年的顶部间隔时间为1年多一点，这轮熊市的总成交量是311 876 000股。

1938年4月~1938年10月，指数在这个小牛市中上扬了61点，成交总量为

208 296 000股。10月，成交量放大到了41 555 000股，这不仅是当年最大的成交量，也是自1937年3月以来最大的月成交量，它表明大家在市场上涨时已经买入过度，所以股市即将见顶。而事实上，也正如我所言，平均价格指数果然在此遭遇到了阻力位。

从1938年11月的最高点开始，指数一路跌到了1939年4月11日，跌幅达39点，期间成交量111 357 000股。1939年3月的成交量是24 563 000股，而且在4月份继续减少，并在6月份萎缩到了年度的最低点。

1939年5月~1939年9月，指数共上涨了37点，这一时期成交量是117 423 000股。9月1日第二次世界大战爆发，从这一天至13日指数上扬了30点，9月份的成交量是57 089 000股。这是自1937年1月来的最大月成交量，它说明大家在股市上扬时买入过度，而行内人士则正在抓紧抛售。指数未能突破1938年11月10日的最高点，这是头部的信号，也是一个卖出点。大成交量往往意味着头部随之到来。

1939年9月~1942年4月28日，平均价格指数下跌了64点，总成交量为465 996 000股，并在1940年和1941年继续萎缩。至1941年，成交量已从1936年的496 138 000股萎缩至170 604 000股，这意味着套现潮进入尾声。在1942年的2月份、3月份和4月份，成交量大约是800万股或略少一些，这意味着抛压结束，市场正处在底部并即将走高。

1942年5月~8月，月平均成交量继续低于800万股，这说明套现盘中已有少量买盘开始介入。1942年全年的成交量仅有125 652 000股，尽管到该年度末成交量开始有所放大，依然没能阻止它创下多年来成交量的最低值。

1943年，成交量暴增至278 000 000股。

1944年的成交量为263 000 000股。

1945年，市场继续上扬，总成交量达到了375 000 000股，是1938年以来成交量最大的一年，巨大的成交量也说明牛市即将结束。

1946年1月，成交量51 510 000股，创下自1937年3月以来最大的单月成交量，它表明股市顶部即将出现。从2月初的最高点开始，平均价格指数仅上扬了5点，便到达了1946年5月29日最后的顶部。

这轮大牛市时间起始于1942年2月28日，在1946年5月29日结束，股指总计上扬了120点，总成交量1 001 790 000股。在牛市的最后一年放出巨大成交量，说明这轮行情已近尾声。

1946年6月~10月30日，平均价格指数下跌了53点，成交量为136 955 000股。这是一场短时间内的大跌，而6月、7月和8月成交量一直徘徊在20 000 000股左右。

9月，当市场向下快速破位时，成交量超过了4 300万股；10月，市场跌至底部，成交量只有3 000万股，此后，成交量继续萎缩。

1946年10月30日~1947年2月，指数总共上涨了27点，成交量稍稍超过1亿股。

1947年3月~5月19日，市场下跌了27点，成交量为60 576 000股。当市场跌至5月份的最低点时，成交量萎缩到了2千万股，这说明市场的套现压力并不大。

1947年5月19日~7月25日，平均价格指数下跌了约28点，总成交量为42 956 000股。仅7月份一个月的成交量就有25 473 000股，是当年最大的单月成交量，这说明股民们又在逢顶部买入，因此必然会出现调整。

1947年7月25日~1948年2月11日，平均价格指数下跌了大约25点，总成交量是139 799 000股。2月份的成交量低于17 000 000股，创下几个月以来的最低记录，此时的市场变得异常沉闷，波幅狭窄，而且交投清淡，这一切都说明市场卖压并不沉重，更何况平均价格指数获得的支撑位要比1947年5月的高，所以反弹必将马上出现。

1948年2月11日~1948年6月14日，市场出现了一波30点的上升行情，总成交量131 296 000股。2月份的成交量略低于17 000 000股，而5月份的成交量是42 769 000股，这也是自1946年9月以来最大的单月成交量。平均价格指数涨至以往卖压区时所出现的巨大成交量说明市场正在接近顶部。6月，总成交量略少于31 000 000股，这说明股民们多已在5月份载满股票，所以随着市场的上扬，买力却在逐步下降。

1948年6月14日~1949年6月14日，平均价格指数下跌了大约34点，总成交量246 305 000股。1949年2月，成交量再次跌到了大约17 000 000股，而到1949年6月，总成交量是17 767 000股，与1948年5月份将近43 000 000股的成交量相比大幅萎缩，这代表着市场的套现盘已基本消耗完毕，再加上平均指数已经跌到了1946年10月以及1947年5月时的最低位，所以这里形成了一个买入点。你会发现到1947年的总成交量是253 632 000股，而1948年的总成交量是302 216 000股，其中大部分成交量是出现在2月~6月的上升行情中。

1949年头6个月的成交量是112 403 000股，比1948年全年总成交量的1/2还要低很多。

如果到1949年的下半年，股票市场能够再上扬，那么成交量放大的可能性就会被大大提高，甚至有望在年底时达到与1948年相同的水平。

要记住，只要你想炒股，就不要忘记研究月成交量和周成交量，同时还要将研究结果与其他所有的规则结合起来运用。

纽约股票交易所的月成交量和年成交量

（单位：千股）

	1936年	1937年	1938年	1939年	1940年	1941年	1942年
1月	67 202	58 671	24 154	25 183	15 987	13 313	12 998
2月	60 884	50 248	14 525	13 874	13 472	8 970	7 924
3月	51 107	50 346	22 997	24 563	16 272	10 124	8 554
4月	39 610	34 607	17 119	20 245	26 693	11 187	7 588
5月	20 614	18 549	13 999	12 934	38 965	9 669	7 231
6月	21 429	16 449	24 368	11 967	15 574	10 462	7 466
7月	34 793	20 722	38 771	18 068	7 305	17 872	8 375
8月	26 564	17 213	20 733	17 374	7 615	10 873	7 387
9月	30 873	33 853	23 825	57 089	11 940	13 546	9 448
10月	43 995	51 130	41 555	23 736	14 489	13 151	15 932
11月	50 467	29 255	27 926	19 223	20 887	15 047	13 436
12月	48 600	28 422	27 492	17 773	18 397	36 390	19 313
—							
合计	496 138	409 465	297 464	262 029	207 596	170 604	125 652

	1943年	1944年	1945年	1946年	1947年	1948年	1949年
1月	18 032	17 809	38 995	51 510	23 557	20 217	18 825
2月	24 432	17 099	32 611	34 095	23 762	16 801	17 182
3月	36 996	27 645	27 490	25 666	19 339	22 993	21 135
4月	33 554	13 845	28 270	31 426	20 620	34 612	19 315
5月	35 049	17 229	32 025	30 409	20 617	42 769	18 179
6月	23 419	37 713	41 320	21 717	17 483	30 922	17 767
7月	26 323	28 220	19 977	20 595	25 473	24 585	
8月	14 252	20 753	21 670	20 808	14 153	15 040	
9月	14 985	15 948	23 135	43 451	16 017	17 564	
10月	13 924	17 534	35 474	30 384	28 635	20 434	
11月	18 244	18 019	40 404	23 820	16 371	28 320	
12月	19 528	31 261	34 150	29 832	27 605	27 959	
—							
合计	278 738	263 075	375 521	363 713	253 632	302 216	112 403

第十一章
15种公用事业股平均价格指数

在罗斯福总统执政期间，因政府千方百计进行压制，公用事业一片萧条。罗斯福总统卸任后直至今天，随着时代的发展，公用事业已获得了公平的待遇，而且前景看好。下面我们来回顾一下1929年至今的公用事业股平均价格指数历程，这会非常有趣（请参阅本书末尾的走势图）。

1929年9月，最高点144.5点；11月，最低点64.5点。

1930年4月，最高点108.5点。

1932年7月，最低点16.5点；9月，最高点36点。

1933年3月，最低点19.5点，高于1932年7月份的最低点3点，说明市场向好，事实也的确如此。

1933年7月，最高点37.5点，高于1932年9月的最高点1.5点。

1935年3月，最低点14.5点，比1932年和1933年的最低点都要低，这代表着市场的套现压力即将消失，随后就会出现一轮涨势，事实验证了这一判断。

1937午2月，最高点37.5点，又回到了1933年的最高点，这里存在着阻力。

1938年3月，最低点15.5点，高于1935年的最低点1点。

1939年8月，最高点27.5点，仍低于1937年8月份的最低点，说明大势向下，指数继续下跌。

1942年4月，最后的最低点10.5点。市场在一个狭窄的交易区间内运行了几个月后最终突破了1942年6月和1942年10月的最高点，这代表趋势将会向上。市场继续上扬，直至1945年，平均价格指数已经连续突破了1933年、1937年和1939年的最高点。

1946年4月，最后的最高点44.5点，正好与1932年2月的最高点相同，这里是一个自然的阻力位。

1946年10月，最低点32.5点；1947年1月，最高点37.5点。

1947年5月，最低点32点；7月，最高点36.5点。

1948年2月，最低点31.5点，低于1946年10月的最低点1点，又回到了1945年8月相同的最低点。

1948年6月和7月，最高点36.5点，指数回到了1947年7月的最高点。

1948年11月和12月，最低点32.5点，相对1948年2月的底部有所抬高。

1949年4月和5月，最高点36.5点，回到了过去的头部区域。

6月14日，最低点33.75点，高出1948年12月的底部很多，说明市场获得了良好的支撑。只要平均价格指数能稳定在33点上，它就可以继续上扬，而如果指数突破36.5点，就说明它处于强势。如果指数能收在38点以上，即高于1947年的头部，那么它就可能涨到44.5点，也就是1946年的最高点。就走势上来说，公用事业股平均价格指数要比铁路股平均价格指数，甚至工业股平均价格指数都强。在下一个牛市到来时，这个板块将领涨大盘。对于公用事业股平均价格指数来说，只有跌破31.5点时，才意味着它会继续走低。

对于平均价格指数的转势来说，1949年8月这个日期尤为重要，如果那时它能突破头部，并表现出向上的趋势，就可能会一直涨到1950年的春天。

☑ 巴伦航空运输股平均价格指数

这个板块的股票势必会成为未来的领涨股，若想进行长期投资，研究该板块之中的每一家公司是必备工作。回顾航空运输板块的平均价格指数非常重要，我们可由此看出航空公司未来的市场趋势。

1937年1月，最高点27.75点；1938年3月，最低点7.5点。

1940年4月，最高点34.5点；1942年4月，最低点13.5点。

1943年7月，最高点43.5点。1943年12月，最低点32.5点，此时指数正好处在1940年4月的最高点之下，说明市场处于强势，所以随后就出现了一轮快速上扬的行情。

1945年12月，最高点91.5点；1947年1月，最低点37.5点。

1947年4月，最高点46.5点。1947年12月，最低点30点，甚至低于1943年12月的最低点，表明市场会先上扬回补这个底，然后再跌到低于这个底的价位。

1948年4月，最高点39.25点；1948年11月，最低点25.5点。

1949年3月，最低点25.75点；1949年6月，最低点32.09点。

指数站在了1948年11月的最低点之上，说明市场处于强势，随后便出现了一波反弹。

看着航空运输板块平均价格指数的底部在过去的几年里逐步抬高，这让人感觉十分有趣。

1938年，股指最低点为7.5点；1942年，最低点为13.5点；1948年，最低点为25.5点，而到了撰写本文时的1949年6月，最低点是32.09点。指数的底部在过去的几年中不断上升，换言之，底部逐渐抬高，这预示着今后指数必将走高。我认为，航空运输板块必将领涨下一轮牛市，而在这个板块中，我最看好的领涨股是美国航空公司（American Airline）、泛美航空公司（Pan American Airways）、西北航空公司（Northwestern Airways）、东方航空公司（Eastern Airlines）和大陆运输公司（Transcontinental）以及西方航空公司（Western Airlines）。如果非要让我从这些公司中选出两家在我看来最好的，那么我会选择东方航空公司和泛美航空公司。原因是，这些公司一向管理出色，盈利状况良好，所以一定会成为未来的领涨股。我认为，不久后，大航空公司兼并实力较弱的小航空公司将成为一种趋势，这场兼并浪潮的最终结果是，会产生三至四家控制全美国的大航空巨头。而那些买进并持有航空公司股票的人们，一旦兼并出现，航空业的收益必将大幅上升，公司将迅速成长起来，而你们也将因此赚到盆满钵满。

☑ 小盘股

在过去的几年当中，每当牛市出现，流通盘小的股票就会远超过那些流通盘大的股票，表现出惊人的涨幅。与大盘股相比，支撑小盘股不需要那么多的资金量，所以，当卖方惜售，它们的供给减少时，无需太多购买力就能推动其股价上扬。

☑ 乐趣制造公司

乐趣制造公司（Joy Manufacturing Company）历史悠久，实力雄厚，他们一向管理有方，且从未过度扩张。1949年，它的盈利大增，前景极佳。极为可观的盈利加上该公司的流通股小于100万股，这意味着，一旦牛市出现，公司股票就很可能会大幅上扬。我们在此回顾一下它的历史走势：

1941年9月，最高价14美元。

1942年8月，最低价7.5美元。

1943年6月和7月，最高价12.5美元。

1943年12月，最低价9.75美元。

1945年5月，最高价30.25美元。

1945年8月，最低价22.75美元。

1946年4月，最高价34美元；10月，最低价18.25美元。

1947年10月，最高价40.5美元。这是该股截至当时的最高价位。这个价位远高于1946年的顶部，由此判断这只股票应该正处于处于强势。

1948年2月，最低价31.5美元，仍然在1945年5月的最低价之上。

1948年6月，最高价43.5美元，这是个比1947年10月的最高价高3点的新高。

1948年9日，最低价30.5美元，股价在1945年5月的同样价位上获得了支撑，而且比1948年2月的最低价低1点。

1949年3月，最高价40美元，正好低于1947年的最高价。

　　1949年6月，最低价31.5美元，与1948年2月的价位相同，而且比1948年11月的最低价高出1点。只要这只股票站在了30.5美元之上，就可以继续上扬，而突破36.5美元说明它的走势更强，如果什么时候它报收在40.5美元之上，就说明它将获得更高的价格；可能会涨到43或43.5美元以上。我推荐大家购买这样的股票，同时不要忘记设置止损单来保护资金安全，一旦趋势反转向上时，它就会给你带来巨大的利润。

第十二章

股市的看跌期权、看涨期权、认股权和权证

许多人不明白什么是看跌期权（Puts），看涨期权（Calls），也不知道怎样买入和卖出期权，这里我来为大家解释一下：看涨期权指的是以30天、60天、90天或180天为期限，以某个固定价格买入某只股票的权利。根据股票的价格和市场情况，你将支付140美元～250美元作为期权费（Premium）。在看涨期权上，你损失的最大限度是你为此支付的费用，有效期从你买进的那天起至期权到期日为止。举例来说，假设你买入了美国钢铁公司（United States Steel）的执行价格为22美元的6个月到期的看涨期权，并支付了140美元的期权费，那么，无论美国钢铁公司在6个月的时间里如何下跌，你最多只损失140美元的期权费，但是，如果什么时候美国钢铁公司上涨至30美元的价位，那你就可以按30美元卖出这只股票，最后你得到的利润就是800美元减去期权费成本和佣金后的差额。

假如你手中持有一手美国钢铁公司的看涨期权，而且该股已经从22美元涨到了26美元，你已经从中获利，但你判断它可能不会再继续上涨了，那么你还有另一个选择：做空50股，这除了仅能让你收回成本，还能让你获取一

笔小小的利润。而如果股价继续上扬，你可以用手中的50股多头仓位赚钱。反之，假设股价跌到了23美元，而你认为这个股价已经跌得足够低了，于是就回补50股的空头仓位，到此每股就赚了3美元，那么，即使这只股票又重新上涨，并在期权到期日前涨到了30美元或更高，你仍然可以获得全部100股股票所带来的全部利润。

　　购买看跌期权或看涨期权还有另外一个目的，那就是为了保护投资。假如说你是美国钢铁公司股票的多头，而此时该股股价大约是22美元，而你预期在今后几个月内，它会跌至16~15美元，要想避免损失，有一个好办法，那就是购买看跌期权，并支付140美元的期权费。如果在此期间，美国钢铁公司的股价跌到了16美元，那么你以这个价格交割，你在股票多头位上的损失就仅限于期权费。而且，在交割空头的同时，你还可以买进这只股票，这样你就可以在持仓成本大大降低的情况下仍然做多头。

☑ 看跌期权

　　看跌期权是指在期权合约的有效期（不管这个有效期是30天、60天、90天还是6个月）内，你可以随时以固定价格交割或者卖出100股或更多股票的权利。假定克莱斯勒（Chrysler）的当前股价为50美元，而你认为这只股票还会跌，就可以买入执行价格为50美元的看跌期权，有效期为6个月。为此，你可能要支付187.50美元至200.00美元的期权费，当然，你很有可能会将这笔期权费都赔进去，但这是你损失的上限。我们假定在这6个月内，克莱斯勒跌到了40美元的价位，那么你就可以买进股票，然后按50美元的执行价格交割，这样一来，你就能得到10个点减去看跌期权的期权费以及佣金后的差额作利润。如果你十分偏爱克莱斯勒的股票，而它现在跌到了每股45美元，而你认为股价已经足够低了，那么你还可以逆向买进50股。如此一来，即使股价继续下跌，你这50股仍能给你带来利润，而如果股价调头上扬，超过了50美元，那么这50股就能带给你5个点的利润。这就是人们常说的看跌期权或看涨期权的抵补交易（Trade Against Put and Call）。

当你买入看跌期权或看涨期权时，先要到某个股票交易所办理登记和担保。无论股票的价格涨跌多少，你都是以你买入的看跌期权或看涨期权的执行价格交割。如果不买入期权就无需缴纳任何保证金，在买入期权后则需要将相应额度的例行保证金抵押在交易所，至股票交割后保证金还会按比例退还。你可以从任何一个经纪人那里得到有关买入看跌期权或看涨期权所需的信息，以及根据看跌期权或看涨期权交割或接受交割时的具体情况要求缴纳的保证金数额，而且看跌期权或看涨期权是通过纽约的看跌期权或看涨期权经纪人进行交易的，只要你愿意，就几乎可以在任一时间获得差不多所有活跃股在30天至6个月后的报价。在我看来，看跌期权或看涨期权这类交易途径既有利可图又比较安全，因为在这个过程中你最大的损失也就是很小的一笔钱，可只要你所交易的股票涨跌趋势与你的预测相同，那么你就能得到不可估量的利润。

☑ 认股权和权证

许多人并不了解认股权（Rights）和权证（Warrants），也不知道怎样交易它们。你只需用很小的一笔钱就能买进有效期很长的权证，现在有些权证交易的有效期可以一直延续到1955年。

权证是一种证券，持有人有权在一段固定的时间内买入某公司一定数量的股票或者该股票的看涨期权，它与同股票的看涨期权唯一不同的一点就是有效期更长。

无论哪家纽约证券交易所注册的经纪人都能为你提供权证交易的信息，也可以代理权证交易和买卖。在萧条时期买进权证是最划算不过的，因为此时股票的价位很低，而权证的价位也很低，而后等到在牛市的末期，股票的价位高涨时，在高位抛出获利。

某些希望增加股本的公司可以通过发行权证来调整控股比例，使之更加合理，此外，还能在一段时间内，以管理者决策的价格出售所增发证券。

因为一般情况下权证的有效期都比较长，所以，投资者和股民们其实是将其当作股票看涨期权来进行买卖的，这种金融工具有内在的高杠杆优势，

这种杠杆特征使权证成为一种投机手段，尤其是近些年来，它们的价格波动幅度远大于普通股。如果从幅度的百分比考察，这点尤其明显。

此外，只要股价的总体水平在上扬，那么，对于那些在不确定的时候进行投资的人，以及对那些只愿意进行小额投资的人来说，有些权证就十分有用，这些投资的实质就是在买入股票的看涨期权，并为这种交易支付一笔期权费。

☑ 低风险、高利润

当你买入任何一只股票的权证时，你损失的上限不过是为权证支付的期

权费。权证会随着股票的上涨也一起上涨，因此你不必（按照权证的规则）买入股票或执行你的权证，就可以从权证上赚钱。

接下来我们来看一些通过买进权证获利的例子。

三角洲公司

三角洲公司（Tri-Continental Corporation）是一家普通的信托投资管理公司，其股票交易一直十分活跃。1941年和1942年，其权证的价格低到每份3.2美分，而在1936年，其售价曾高达5.375美元。如果你在1941年或1942年投资1 000美元，买进这只权证，那么你就会拥有32 000份权证，然后在1946年以5美元的价格卖掉，那么它们将价值16万美元，也就是说，你在4年时间里，用1 000美元赚了15 000美元，当然还要记得扣除佣金；不过这个数目简直微乎其微。

梅里特-查普曼＆斯科持公司

梅里特-查普曼＆斯科持公司（Merritt-Chapman & Scott）是美国领先的承包商之一，它承接国内外各种建筑工程，其普通股交易十分活跃，并且每年还派发1.60美元每股的红利。

在1938年、1939年、1940年、1941年、1942年和1943年，其股票权证曾跌至每份0.25美元和0.375美元。而到了1946年，权证却卖到了12.5美元。如果你在这种权证卖0.25美元的时候投资1 000美元，就可买到40 000份权证，然后在1946年以12美元的价格卖出，那么它们将价值48 000美元，换句话说，你用1 000美元的投资，获取了47 000美元的利润。

☑ 大力神公司

大力神公司（Atlas Corporation）是一家从事投资、信托和控股的公司。

1941年和1942年，其股票权证仅卖每份0.25美元，即25美分。而到了1946年，其售价则高达每份1.625美元。如果1942年在这种权证卖0.25美元的时候投资1 000美元，就可以买到4 000份权证。然后在1946年初，以13美元的价格卖出，那么，总值可达52 000美元，也就是说，用1 000美元的投资可以带来赚上51 000美元的利润。

上面所列举的这些利润并不是特例，其他不同类型的股票权证也同样可以让你获利丰厚。

下面这份清单，记录的是在纽约股票交易所和纽约场外交易所中交易活跃的权证和认股权，截止日期大约为6月30日。

纽约股票交易所和纽约场外交易所的活跃权证

有价证券	股票与权证的可比价格	时下价格（美元）	
	年度	价格变动区间（美元）	
百瑞尔（A.C.F.Brill）公司	1944—1949年		
股票		19~2	2
权证（1950年1月1日每份12.5美元；1955年1月1日每份15美元）		11.25~0.75	0.75
美国与海外动力公司	1929—1949年		
股票		199.25~0.25	1.63
权证（任何时候都是每份25美元）		174~0.03	
大力神公司	1936—1949年		

（续表）

有价证券	股票与权证的可比价格	时下价格（美元）	
股票		34.38~5.75	20
权证（任何时候都是每份25美元）		13.63~0.25	4.38
科罗拉多燃料与钢铁公司	1936—1949年		
股票		25.88~4.25	12.5
权证（1950年2月1日每份17.5美元）		12.25~0.25	0.88
联邦与南方公司	1930—1949年		
股票		20.25~0.13	3.5
权证（任何时候都是每份30美元）		6.25~0.005	0.06
电力与照明公司	1926—1949年		
股票		103.25~0.63	24.75
权证（任何时候都是每份25美元）		78.12~1.06	8.25
哈斯曼与莱戈尼尔公司	1945—1949年		
股票（1947年7月一分为二）		18.25~9	10.25
权证（1950年5月15日每份8.45美元）		14.75~3.25	4
梅里特–查普曼与斯科特公司	1936—1949年		
股票		27.75~1.25	18.12
权证（任何时候都是每份28.99美元）		12.5~0.25	4.5~5.5
尼亚加拉哈得逊公司	1937—1949年		
股票		16.88~0.88	9.5
权证（任何时候都是每份42.86美元）		3.38~1.03	0.19
三角洲公司	1930—1949年		
股票		20.25~0.63	6.25
权证（任何时候都是1.27份17.76美元）		9~0.03	2.12
美国联合公司	1930—1949年		
股票		52~3.06	3
权证（任何时候都是每份27.50美元）		30.88~0.005	0.12
沃德自行车公司	1945—1949年		
股票		19.88~8.75	12
权证（1951年4月1日每份12.5美元；1955年4月1日每份15美元）		9.12~2.75	2.75

第十三章

新发现与新发明

纵观人类历史长河，每逢萧条之后，总会出现某种新发现或者新发明来刺激经济发展和社会进步，进而带来另一次新的繁荣昌盛。举例来说，富尔顿（Fulton）发明的蒸汽机和惠特尼（Whitney）发明的轧棉机就都开启了人类发展的新时代。

1849年，加利福尼亚传来发现金矿的消息，一轮淘金浪潮由此引爆，到处都是一派繁荣景象。自那时起，铁路深入到了美国的中部和西部地区，这种新的运输方式带来了巨大的社会进步。

圣经说，旧的走了，新的会来取而代之。运河船以及公共马车已经让位于铁路这种新的运输方式，此后还出现了许多新发现、新发明以及新的炼钢工艺，美国因此成为一个工业国家，国力取得了巨大的进步。20世纪初，汽车的发明与汽车工业的发展使运输方式产生变革，同时也给

在拖拉机问世的时候做一匹马，或在汽车问世的时候做一名铁匠，都不是一件有趣的事。
★ 巴菲特

175

成千上万人带来了新的就业机会，随后又出现了一波化学上的发现与发明浪潮，人造纤维和相继诞生的化工产品使社会越发进步与繁荣。就像我们在这一章开头时所说的，当一切百废待兴时，某种新发现或新发明总能引发经济上的复苏以及另一轮繁荣兴旺。

莱特兄弟（Wright brothers）发明的飞机引爆了另一轮繁荣浪潮，它不仅使运输速度获得了前所未有的提高，而且还让全世界人民为了共同的和平和发展紧密团结在了一起。飞机的出现能否带来更大的繁荣仍有待考察，但是它在各个运输领域内的作用正日益增强，且潜力无限却是不争的事实。目前飞机的使用仍受困于如何获得更便宜的和更轻便的燃油这一难题，不过，不用担心，这迟早会得到解决。当飞机的燃油载荷下降，有效载荷就会随之增加，对于快递、货物和乘客来说，航空运输就将成为世上最便宜，也最快捷的运输方式，这一切必将促进经济发展方式发生革命性变化，并带来另一轮社会繁荣浪潮。

☑ 原子能

1945年，美国通过使用自己研制的原子弹赢得二战的胜利。原子弹一方面给日本造成了巨大的破坏，导致无数人生灵涂炭；另一方面它也缩短了这场战争，拯救了无数本会因为战争的拖延而可能失去的生命。原子能（核能）开发利用的巨大潜力可能超乎普通人的理解。原子能的出现可能正好解决了航空业发展所面临的大难题。它能给飞机提供廉价的燃料，并通过将现在的燃油负载转变为有效负载而极大地减轻飞机的重量，这不仅可以提高飞行速度，还可以增加货物和乘客的装载量。因为核燃料能以有限的体积储存更大的能量，它可以给乘客和货物以更大的空间。原子能技术一旦完善，完全可能比人类所发明的其他燃料都廉价，这将会使航空运输业发生革命性变化，并有助于带来更大的繁荣。不仅是原子能，太阳能和风能都可能在将来成为廉价的能源，并使制造业的各个领域都产生变革。其结果是产品的成本下降，消费者从中得益。以同样的钱能够获取更多的商品，这就增强了消费者的购买力。众所周知，当商品的成本降低的时候，消费就会增加。当物价在可承受范围内时，我们总是尽量满足自己的购物愿望。原子能是未来廉价能源的关键，这项新发明给人类带来了无限福祉和无法想象的多种可能。

第十四章

历史上的那些大炒家

现在，我们来一起回顾了一下发生在1893—1896年的那场横扫全国的大恐慌，也是人们公认的美国历史上最糟糕的时期之一。那一时期棉花在南方仅卖每磅3美分，小麦和其他商品的价格也很低，直到现在我仍然记得当时报纸上报道的囤积居奇事件，那是我第一次接触到这个词。芝加哥（Chicago）的莱特（Lighter）通过囤积小麦哄抬粮价，把小麦的价格从每蒲式耳1.00美元抬高到了1.85美元，并因此而聚敛了巨额利润，可最终还是以破产而告终。历史上这些大炒家们从发家到破产的历史，为我们提供了古老而宝贵的经验教训。莱特之所以会失败是因为他缺乏对市场变化的洞察力，他不相信会有足够多的小麦涌入芝加哥市场进而使小麦的价格降低，而阿默（Armour）显然比莱特料想得要聪明，他用特快列车运进小麦，破坏了莱特的囤积居奇计划，莱特因此而破产。人不是神仙，所以没

要赢得好的声誉需要20年，而要毁掉它，5分钟就够。如果明白了这一点，你做起事来就会不同了。

★ 巴菲特

179

有人能预知意外的出现，而正是这种意外可以使人损失惨重，将挣来的钱又赔出去，因此，我们必须从他人的错误中吸取教训，不要再犯同样的错误。实际上，大多数炒家亏钱的真正原因是利欲熏心，他们过于迷信金钱的力量，妄想通过囤积垄断市场来获取暴利，可最终，垄断引发的物价高涨不仅坑了消费者，投机商们也同样难逃厄运，最后纷纷破产，落得个害人终害己的下场。

1903—1904年，当萨利（Sully）在棉花市场中奋力搏杀的时候，我也进入了这个市场。萨利通过买进棉花迅速积累起了一大笔财富，但他却重蹈了很多大炒家的覆辙：因一时的成功而盲目自信，过于高估自己，以为可以凭一己之力拉抬棉花的价格，最终结果是萨利爆了仓，宣告破产。

西奥多·普莱斯（Theodore H.Price）是那个时代的另一位棉花大炒家，他也走了一条和萨利同样的道路：同样囤积棉花，同样狂妄自大，最后也同样没能逃过破产的命运。不过，提起他还是会令人心生敬意的，因为我们必须承认，普莱斯之后东山再起的经历是史无前例的；他不仅挽回了自己的巨额损失，还还清了所有的债务。另一个与萨利有类似经历的大炒家是尤金·斯凯勒斯（Eugene Scales）。他在棉花市场中以区区几百美元起家，然后赚取了数百万美元利润可最终却落得破产出局的下场，究其失败原因，无外乎是他对权力的贪欲以及妄图操纵市场的野心导致的，这同以前那个在市场中的小心谨慎的他简直判若两人。我们经常会看到，当一个人手里只握有少量资金时，往往处事冷静，小心谨慎，可当他聚敛了大笔财富以后，就常常会被胜利冲昏头脑，全盘颠覆之前的操作风格。斯凯勒斯固执得要命，他从未想过会出现什么意外，也从未想过市场终会见顶，他不断买入棉花，希望而且一味地相信棉花的价格会持续走高，最终不出意料地落得破产的下场，在贫困中黯然离世。

杰西·利弗摩尔（Jesse L.Livermore）是那个时代最大的投机商之一，他在股票市场和商品期货市场中赚了成百上千万美元。他有过好几次破产经历，每次都受到彻底清算，而且有几次他在破产清算后还要继续偿还债务，但利弗摩尔是个可敬的人，即使法庭免除了他的债务，他依然坚持还债。1908年我第一次与利弗摩尔碰面，再见面时是1913年，当时他是默里·米切尔公司（Murray Mitchell & Company）的经营者，后来这家公司倒闭了，我因此赔得一干二净。1917年，当利弗摩尔东山再起并赚到一大笔钱后，他归还了包括我在内的所有人因默里·米切尔公司而损失的钱。我很佩服利弗摩尔这种正直、诚实的高尚品格，因此，当1934年他再次破产时，我不仅自己出钱，还说服他人一起集资帮他渡过了难关，后来利弗摩尔再次卷土重来，而且又赚到了钱。但是利弗摩尔有一个很大的一个弱点，那就是他只学习如何赚钱，其他一概不管，所以，他自然也就不懂得如何保存资金。他贪心，权力欲

> 我是个现实主义者，我喜欢目前自己所从事的一切，并对此始终深信不疑。作为一个彻底的实用现实主义者，我只对现实感兴趣，从不抱任何幻想，尤其是对自己。
>
> ★ 巴菲特

强，所以一旦赚到一大笔钱就开始进行冒险投机，而且总是试图让市场追随自己的意愿，而不肯耐心等待市场自然地转势。利弗摩尔一次又一次的发了大财，可最终还是破了产，最后他选择了自杀作为自己的归宿。为什么一个像利弗摩尔那样已经赚取了巨额利润的人最终却保不住自己的财产呢？答案是，因为每次发财后他都控制不住自己对钱的贪念，每次都妄图掌握市场。他想要支配一切，可天有不测风云，事事总是无法尽遂人意，最终只能落得个倾家荡产。

E.A.克劳福博士也是一位著名的大投机家，同样也是多次聚敛起巨额利润然后又赔得一干二净。1932年他以几千美元的本钱东山再起，赚钱速度可能比市场上所有投资者都要快。据说，在1933年市场处于高位时，他的账面资产高达3千万~5千万美元。他买进所有的食品期货，不仅在美国，在国外他也深陷于股票市场之中，结果，1933年7月18日，所有商品期货市场的突然崩盘，克劳福博士输了一个精光。为什么一个像他这样一个大富翁却会爆仓？答案其实很简单：因为他没想到，竟然有人可以源源不断地拿出凭他的财力无法吞掉的谷物和其他商品。他一心认定这些商品的价格可以没有任何调整地直线上扬，却忘了价格走势会出现波动的必然性。于是，他将"谨慎"二字抛到了九霄云外，不断地买进，直至末日来临才被迫平仓，承受违背投资规则而导致的唯一结果——失败。过度交易，将谨慎忘得一干二净，从不考虑会出现意外，这是所有投机炒家最易犯的错误，显然，克劳福博士也在这一点上吃了亏。

新奥尔良（New Orleans）的乔丹（Jordan）是近期出现的大炒家，但他还不能算是史上最大的炒家。据报道，他在1946年前以300美元的本钱起家，通过在棉花市场中的交易而获得了巨大利润。但他同样没能逃过上述的

命运，最终也是以破产收场。他为什么也会破产呢？因为
他相信棉花的价格会不断上涨，他看不到任何顶部，也不
懂得锁定利润。我听说乔丹曾对别人说，他认为棉花会涨
到内战时期的每磅1.89美元的高价，由此可以看出，他要
么是不记得了，要么是压根不懂供求关系规律。他和他的
追随者们一起不停地买进，买进，直至满仓，然后当大家
都要抛售时，却发现所有人都成了卖家，根本就没有买
家。1946年10月9日，10月份的棉花合约从最高点3 928点
开始滑落，在不到一个月的时间里就跌到了1946年11月7
日的2 310点。不但乔丹赔了精光，他的追随者也蒙受了
惨重的损失，即使美国政府出面干预都无法阻止棉花市场
的下跌之势，最后，为了救市，美国政府、证券交易机
构和其他炒家不得不请出了安德森（Anderson）和克莱顿
（Clayton），让他们承接了乔丹及其追随者手中的棉花
合约。与其他大炒家如出一辙的是，乔丹也从未对市场进
行过研究，不知道棉花价格上涨到多少时就代表着出现了
异常。如果他能仔细研究一下以往战时，尤其是第二次世
界大战时的棉花价格，就会发现，每磅43美分，7月期权
4 375点，早已处于非正常的价位。此外，如果他回顾一下
1923年的棉价，就可以发现棉花曾在11月30日在37.5美分
左右的水平上见顶，并可以从这些记录中了解到每磅37.5
美分~39美分是非正常价位，而这种情况只会在战时出现，
在这种特殊局面下生成的价格往往都是不正常的。如果他

> 当适当的气质与
> 适当的智力结构相
> 结合时，你就会得
> 到理性的行为。
> ★ 巴菲特

永远不要问理发师你是否需要理发!

★ 巴菲特

曾认真考虑这些因素，那么不仅能卖出棉花的多头合约，及时保护盈利，还能做空头再获取一笔丰厚利润；如果他懂得市场的规则和基本原理，那么不仅能知道最后几周棉花价格涨势微弱代表着有人正在无限量地做空，而且还能够脱身的时候开始放空。可惜，他没能战胜一厢情愿的等待这一股市中最大的敌人，于是就一直持仓直至大厦将倾。他之所以没能摆脱其他炒家的命运，还因为形势的发展超出了他的预料，别人抛出的空单数量比他能买的要多得多。而公众的跟风热潮也成了压垮骆驼的稻草：当他开始炒作时，追随者们也跟着炒作；当他打算退出时，追随者们也一起跟着退出。

无论你是一个普通人、投资者，还是一个投机商或交易者，都能从历史上那些曾聚敛了无数财富转头又统统输掉的大炒家身上学到一些经验教训。你应该分析这些大炒家为什么会失败，看他们违背了哪些市场规则，以避免自己走上同样的道路，以此来获得赚钱并保住盈利的机会。切记，绝不能过度交易。其次，要学会使用止损单，一份能够在某个价位上自动成交的止损单不但可以保护本钱，还可以保住盈利。只凭主观希望和恐惧心理行事是入市者的大忌，因为若是一个人仅凭主观愿望买入并持仓，那么最终他只会在最恐惧的时候才平仓，到那时一切就都来不及了，要坚持按照市场的运行实际数据进行交易。

世事无法尽如人意，但我们必须让自己直面事实，只有客观理智的人才有可能在股票和商品期货的买卖中取得成功。市场的趋势总是在不断变化，我们要牢记这些趋势，并懂得随机应变，此外，还要学习在过去的市场中总结出来的交易规则，并在未来的市场操作中加以应用，这些，都是成功的必备条件。

上述我们列举的大炒家们都有相似的经历：都曾赚过大钱，然后赔得精光。但显然这不能代表所有的炒家，要知道，凡事总有例外，有些人不仅赚到了钱，还成功保存了胜利果实，而他们的秘诀就是遵循正确的市场规则。

那些既赚了钱又保存了胜利成果的大炒家都是谁呢？伯纳德·布鲁克（Bernard Baruch），这位已经退休的老人，至今仍拥有数百万美元的家产，这其中绝大部分是他依靠股票市场中的投资和投机赚来的。本·史密斯（Ben Smith）是在近几年中崛起的另一位炒家，他也赚到了钱并成功守住了钱。同样，另一个位大炒家伯持·卡斯特里斯（Bert Castles），直至去世也没有把赚来的钱赔回去。想知道卡斯特里斯是怎么做到这点的吗？原来，卡斯特里斯在建仓的时候，总会在离买入或卖出价位5点处设置止损单。如果他判断失误，不会有过多的损失；如果他判断正确，账面利润就会不断增长，直到他找到确实的理由将这些利润变现。

每个成功的投资者都有确定的计划和规则，并会严格遵守，所以，如果你也渴望成功，首先要做的，就是

我很理性，许多人有更高的智商，许多人能工作更长的时间，但是我能理性地处理事物。你们必须能控制自己，别让你的感情影响你的思维。
★ 巴菲特

学习正确的规则，并在股市中执行这些规则。

我可以例数出很多既赚到了大钱，又保住了胜利果实的成功炒家的名字。那么，同那些赚了大钱然后输个精光的投机分子相比，这些人所遵守的交易规则有哪些不同之处呢？答案就是，这些聪明的炒家、投机商或投资者——你想怎样称呼他们都行，都是遵循一定市场规则的人，无一例外。他们学会了如何研判股票或商品的趋势，并在正确的时候买进；他们不是莽撞行事，知道能在何时获利；他们知道意外随时存在，从不过度交易；他们不会跟风操作，只会选择属于自己的恰当时机。这不是仅凭判断和猜测就能做到的。他们要严格遵循系统化的规则；要从浩如烟海的信息中选出对自己有用的；要时刻保持谨慎且绝不过度交易。这就是他们既赚了钱又能保住钱的秘诀所在。所有投资者都应在交易的时候记住，他每一笔下单都可能出现失误，为了纠正错误必须设置止损单，只有这样才可以减少损失。除非一个人已经明确了他要在即将开始的交易中冒多大的风险，以及最多会赔多少钱，否则他就不应开始投机操作。因为如果不知道这些基本的规则，那么他迟早会因为意外事件的出现而爆仓。

我写此书的目的不是要把财富之路描绘为一条鲜花铺就的轻松旅途，因为财富之路从没有捷径可走；这是我的切身体会。我的目的是要告诉你事实，并教给你有效的实际规则。只要你能花时间好好学习这些规则，耐心等待合适的机会，并在正确的时候进行果断的交易，就一定会取得成功。我们知道，在生活中，只有付出才有回报，同理，只有那些愿意花费时间和金钱来获取知识，永不满足地坚持学习，绝不骄傲自满的人，才能在投机或投资中获得成功。我写作本书的初衷是要本着实事求是的宗旨，是要将我在45年的股票和商品期货交易中的经验倾囊相授，同时，指出大家的弱点和易犯的错误，以免你在股市中遭遇灾难。

投机可以获利。如果你能遵守规则，时刻提醒自己可能会发生意外并做到未雨绸缪，那么你就可以在商品和股票市场中披荆斩棘，获利颇丰。

◢ 正直，勤奋，活力。而且，如果他们不拥有第一品质，其余两个将毁灭你。对此你要深思，这一点千真万确。

★ 巴菲特

◢ 市场先生是你的仆人，而不是你的向导。

★ 巴菲特

第十五章

超跌的股票

道琼斯30种工业股票平均价格指数仅从1946年的最高点下跌了25%的时候，与此同时，很多个股却从1945年和1946年创纪录的最高点下跌了75%～90%。股票市场提前6个月或在更早之前就陷入了行业性的下跌之中。在整个行业都不景气的时候，还会有股票保持上行走势吗？答案是有。这种情况过去曾出现过，今后也会再次出现。

☑ 航空板块

这个板块中的股票比其他任何一个板块中的股票跌幅都大，但是，我们不要忘了，航空业是一个新兴产业，有很大的成长空间，也充满希望，所以这个板块的股票不仅一定会上涨，迟早还出现惊人的涨幅。未来，航空板块的股票必将成为股市的领涨股之一。

下面大家看到的是近年来航空板块个股的峰顶和波谷的价位表：

美国航空（American Airlines）	1945年	顶=95.5	1948年	底=6
贝尔飞机（Bell Aircraft）	1946年	顶=35.5	1948年	底=10.75
奔迪克斯航空（Bendix Aviation）	1945年	顶=63	1949年	底=26
布兰尼夫航空（Braniff Airlines）	1945年	顶=37.5	1949年	底=6
东方航空（Eastern Airlines）	1945年	顶=134	1948年	底=13
（1946年拆股后顶部价位为31.5美元）				
国家航空（National Airlines）	1945年	顶=41.75	1938年	底=4
西北航空（Northwest Airlines）	1945年	顶=63.75	1949年	底=7
泛美航空（Pan American American World Airways）	1946年	顶=29	1948年	底=8
环球航空（Trans-World Airways）	1945年	顶=79	1948年	底=9.5
联合航空（United Airlines）	1945年	顶=62.5	1948年	底=9.5

（股份单位：美元）

其中最具购买价值是东方航空、泛美航空和联合航空等三家航空公司的股票。

☑ 其他超跌的股票

下面大家看到的是已经跌到深谷中，并有可能在下一轮牛市中上涨的股票：

吉贝尔兄弟(Gimbel Bros.)	1946年	顶=73.75	1949年	底=12
洛克希德(Lockheed)	1946年	顶=45.5	1947年	底=10.5
			1949年	底=16.5
马丁G.L.(Martin，G.L.)	1946年	顶=47.75	1949年	底=7
蒙哥马利·沃德(Montgomery Ward)	1946年	顶=104	1949年	底=47.5
纯牌石油(Pure Oil)	1948年	顶=42	1949年	底=24.625
费利科无线电(Philco Radio)	1948年	顶=46.5	1949年	底=25.25
新泽西标准石油(Standard Oil Of New Jersey)	1948年	顶=93	1949年	底=60.5

（股份单位：美元）

斯伯瑞(Sperry)	1946年	顶=40.5	1947年	底=17
美国橡胶(U.S. Rubber)	1946年	顶=80.5	1949年	底=33
通用汽车(General Motors)	1946年	顶=80.5	1946年	底=47.5
	1947年	顶=65.75	1948年	底=15.5
	1948年	顶=66	1949年	底=51.875

（股份单位：美元）

（1943年，通用汽车股指跌至最低点48.75点，之后，指数底部逐渐上移，说明市场支撑良好。除了通用汽车股价跌破51.875点并收于这个价位之下以外，市场处于持续上行的走势之中。1947年和1948年股指达到双顶，如果通用汽车的股价能够收于66点以上，就预示着这只股票还将大幅走高。）

☑ 特别推荐股

艾德蒙股份有限公司(Admiral Corporation)	1945年	顶=22.5	1947年	底=6
	1948年	顶=22.625	1948年	底=7
	1949年	顶=20.25	1949年	底=14.75

（股份单位：美元）

（艾德蒙股份有限公司运营状况良好，净利润丰厚。公司的股票在1949年6月下跌过程中获得了很好的支撑，进一步上升的可能性极大，一旦牛市出现，这种可能性就会得到成倍提升。）

哥伦比亚影片(Columbia Pictures)	1945年	顶=25.5	1948年	底=7.5
联合-伏尔提(Consolidated Vultee)	1946年	顶=37	1948年	底=7.75
哥伦比业大然气(Columbia Gas)自1942年以来每年都不断向高位筑底并将进一步走高。				
电气债券(Electric Bond & Share)	1946年	顶=26.5	1947年	底=9

（股份单位：美元）

　　艾德蒙股份有限公司现在处于强势位置，这家公司的现金资产要比上市的股票价值高得多，在1949年年底之前每股可能会有12美元~14美元的派现。这只股票目前正在构筑逐步上移的底部，并在13.25美元上下站稳，这相当于从1946年的顶部价位下跌了50%，因此这里形成了一个绝对安全的买入点。如果这只股票上涨到16美元以上，就会表现得很强势，这意味着它很可能会继续上涨到25~26美元的价位。

　　上面所列出的股票在下一轮牛市到来的时候很可能会成为市场中的领头羊。请记住，买股票时一定要设置止损单，如果一只到手的股票经过相当一段时间依然表现得差强人意，那么，不管会不会造成小的损失都要果断地将它卖出。

第十六章

美国能打得起另一场世界大战吗

1918年，第一次世界大战结束，当时，几乎所有人都认为这会是世界范围内的最后一次战争。可事实是，1939年，希特勒又发动了第二次世界大战，美国也于1941年被迫卷入其中，并协同苏联等其他一些国家共同抗击德国，以期早日结束战争，实现人类永久的和平与繁荣。

可结果呢？第二次世界大战硝烟还未散，美国就已经开始着手准备另一场世界大战了。各种媒体都在宣扬美苏之战势在必行，而为了备战，我们在1949年花费了150亿~160亿美元。如果说美国之所以参加前两次大战目的是为了结束战争，那么，我们该如何解释现在美国现在忙碌备战的行为，难道发动美苏之间新的战争就能终结世界上所有的战争吗？显然是不可能的。除非人类学会了不通过战争手段来解决分歧，否则战争解决不了任何问题，更不可能带来永久的和平。战争中的获胜方也必将付出代价。因为战争是毁灭性的。它使人类积聚的财富化为乌有，以国人的生命为代价，同时还要从生产线上拿走大量的食品和必需品。现在，美国的债务已经超过了2 500亿美元，美国怎么还能打得起另一场世界大战呢？钱又从何而来呢？有谁愿意，或者说谁又能够掏出这么多钱来购买债券以支持这场战争呢？如果我们卷入了另一场世界大战之中，那就等同于美国的覆灭。战争的代价实在太大，而纵观全国上下，我们背负的债务早就超出了能负荷的程度的所有债务。我们需要的是能高瞻远瞩且头脑清醒的领导人，他应为宣扬和平而努力，而不是为了备战而浪费国家的财富。

那么美国参与第二次世界大战的原因是什么？答案是，因为当时我们的自由受到了威胁，安全得不到保障，我们用生命和财富赢得了战争，保护了我们的自由不被侵犯。不过，我们是不是能就此认为我们的自由不会再受到威胁？我们现在还能享受到同战前同等程度的自由吗？不，绝对不可能了。罗斯福总统上任后，其推行的新政正在使自由迅速消失。新政总在夸夸其谈社会保障问题，可按照它的说法，美国人从生到死所有的一切就必须都交由政府来安排。新政说，政府会给人民提供社会保障，提供医疗，提供人民所需的一切，可惜，无论是作为国家还是个人都不需要什么社会保障。当一个国家缺乏保障的时候，就会敢于冒险，奋发图强；当个人缺乏保障的时候，就会积极工作，不断进取，这远比他直接获得保障更好。而如果政府为人们提供了所需的一切，那整个民族就将变得懒惰、不求上进、好逸恶劳，最终，国家也必将走向衰亡，更何况，退一步说，新政所许诺的保障政策也不可能完全落实；因为新政开出的都是空头支票，它承诺自己会无条件地给予，而拥护这些政策的都是那些坐等天上掉馅饼的人。美国所需要的不是这些，而是更强大的生产力，仅靠推行少工作、多消费的政策根本无法解决美国的债务问题，努力工作和勤俭节约才是唯一的出路。我们要捍卫这个国家的独立自主，永保我们的先辈为之奋斗的自由，那么就必须保证所有美国人都拥有平等的权利。如果士兵在战场上不服从作战命令，就会被军法处置，因为他们在战场上没有罢工的权利。可当战争还在继续之时，当我们的孩子还在战场上流血牺牲时，工会却可以继续组织罢工，为什么？难道工会成员就可以比在战场上浴血厮杀的战士们拥有更多的权利？当然不可以。工会领导人的权利是政客们授予的，而政客是由选民选举出来的，可是，这些政客们不仅背叛了选民，还侵犯了他们的权利。工会为什么要发动罢工，切断生活必需品的供给，以致无数人饥寒交迫，饱受物质匮乏之苦？无外乎是为了满足工会领导者们少劳动、多拿钱的私欲，而显然，这样做是无法实现国家的繁荣昌盛的。

为什么法国会在二战中战败？这是工会共产主义导致的。法国工人工作态度散漫，生产效率低下；而德国人不仅工作积极，甚至还要被迫进行工作和生产，所以最终，德国打败了法国。是谁赋予了工会这种个体平民并不享有的权利呢？是法律的制定者，他们是由人民选举出来的，他们制定这些法律的目的是为了讨好那些能确保他们权力在握的人。但是这公平吗？这就是我们追求的自由吗？

☑ 战争与和平

既然我们的政府正积极备战，并且宣称迟早要同苏联打上一仗，那么战争早晚会爆发。因为对于倡导新政的人来说，一旦推行新政出现不良结果（很可能会这样），那么在接下来的1952年的大选中，他们就很可能会落败，而如果爆发了战争，那他们就找到了不能战时换将的借口，哄骗人民继续为他们投票，然后得以继续执掌美国政权。而对于投资者最想知道的，战争会对股价产生什么影响这一问题，答案是，这完全取决于战争爆发时股价所处的位置。依我看来，对于股市来说，下一场战争是特大利空，而且政府很可能没收所有的股票与其他财产来充公。之所以这样说是因为，依照美国目前债务沉重的国情，想单靠发行债券来支持另一场战争几乎无异于痴人说梦，在这样一种情况下，政府必会动用一切能采取的手段为战争筹措资金。

不只是美国，全世界没有哪个国家能承受另一场战争而不致衰亡，而一旦战争爆发，人类文明也可能会因此而倒退几百年。让我们祈祷未来战争能够得以避免，让我们将手中那宝贵的选票投给那些能使我们免于战争的人。

☑ 如何制止战争

不管在哪个国家，战争都是可以被制止的，这种权利与力量就握在人民手中。如果我们能说服立法者出台一项法案，不允许政府为战争目的而借债或发行债券，那战争自然就可以避免，因为仅靠政府自己的财政收入根本不足以支撑一场战争。政府无权拿人民的生命财产去冒险，更无权抵押上人民的未来去举债。战争不会为美国带来任何好处。美国应该学会精打细算，并以此为由削减政府的公共开支。

☑ 政府无法制止的经济萧条与大恐慌

在推行"新政"的本届美国政府于1953年期满卸任以前，将出现一场经济萧条和大恐慌，这是无法避免的。恐慌和萧条是战争的后遗症。第二次世界大战对美国财富的消耗是史无前例的，美国政府目前的债务几乎等同于全世界所有国家债务的总和。债务沉重，加之庞大的政府开支，美国哪还有能力来制止一场萧条和恐慌呢？战争已经摧毁了一切，更不可能给任何国家带来任何好处。如今，美国已经变成了世界上最大的消费国和浪费者，而美国的纳税人也将成为世界上最大的牺牲者。凡事有因必有果。战争结束后，主张实行新政的人不仅没有缩减反而增加了开支，他们浪费了数百亿美元，换来的将是一场动摇美国根基的大恐慌与大萧条，而这必将导致美国人民在1952年的大选中罢免这群主张推行新政的政客们。如果崩盘真的出现，那就一切都于事无补了，但是如果纳税人现在就能组织起来并采取行动，那一切就还来得及，他们有制止这场导致财富流失的灾难的力量，不应该坐等后悔叹气的那一天到来。如果主张实行新政的人再像现在这样肆意挥霍，那么用不了多久，政府就该开始打算没收公民的财产了，然后自由之子们将不得不再次揭竿而起，为他们在以前的战争中失去的自由而战。就像威尔·罗杰斯（Will Rogers）说过的那样，美国政府从未输掉过一场战争，但也从未赢得过一场会谈。

☑ 导致下一次萧条或恐慌出现的原因

有许多原因会导致下一场经济大萧条的出现。纵观全世界，英国经济因为卷入了两场世界大战而走入了困境，大多数欧洲国家也同样在劫难逃。

日本、中国与印度的金融环境普遍糟糕，而且情况还可能会进一步恶化。

美国的债务负担已经沉重得难以负荷，政府的花销无度造成的灾难已经无法挽救，即使现在立刻痛改前非，也难以阻止它的到来。

外国投资者已经开始在美国市场抛售股票，而且这种现象已经持续了很长时间了。

美国的投资者们总是习惯于在熊市的末尾才开始抛售手中的股票，于是就造成了大面积的亏损。将来，随着经济形势的恶化，保险公司将为了套现不得不抛售股票和债券。可能投资信托公司会努力托市，按照一定比例购进股票，但也支撑不了多久，市场形势日趋恶化会让他们变得惶惶不安，并在已经下跌了数年的熊市的最后阶段也开始抛售股票。

经济和股市是靠人们的信心支撑起来的，而当美国的投资者和商人对政府防止经济萧条的能力越来越感到失望时，事情就会变得更糟。

这一天很可能会真的来临，那时政府就无法再支撑债券的价格，这势必会挫伤人们的信心，进而引发这个国家历史上最大的恐慌。先有因后有果。既然政府已经种下了另一场恐慌和萧条的种子，那么，经济周期和股市就会向我们证明，这场恐慌必会到来。

☑ 股市的未来趋势

许多经济学家和市场人士都相信一场经济衰退和恐慌正离我们越来越近，但他们无法预测出具体时间，因为他们不懂得时间循环规律。鉴于我在过去的30多年中所使用的周期循环规律（Master Time Cycle），准确预测除了每次重要的经济繁荣和衰退的出现时间，因此，我有理由认为，这一理论也能准确预言下一次大恐慌的来临。

"新政"的推行者声称他们已经有了制止通货膨胀和防止经济衰退的神奇方案，至于是否真的有效，在今后几年严峻的考验中即将得到验证。

运用我的周期循环理论可以断定，截至1948年，战后的经济繁荣就已经结束了，而现在的经济趋势正在向下。通常，经济在第一次下滑之后，会出现一次反弹，或者是一波适度回升，很多人会为这种表象所蒙蔽，误以为经济的繁荣再次出现了。

我对周期循环规律的研究表明，经济萧条将在1950年的下半年进一步恶化，而到了1951年和1952年，我们将会进入真正的恐慌和衰退时期，就连政府也将一筹莫展，届时，股票、债券、商品期货以及其他所有金融产品的价格全线下跌。至于股市的跌幅要由下一次反弹的幅度以及上一次下跌行情开始时市场的价位来决定。接下来我大致估算了一下股市今后可能出现转势的日期。

由过去的周期循环规律来看，股市可能在1949年的下半年出现上涨，并持续到1950年。股市的变化周期往往要比经济形势的变化周期提前6个月乃至更久。

☑ 展望1950年

1950年1月3日~7日应当出现股市的最低位，而后趋势反转向上，上升行情会一直活跃到2月。

3月18日~22日可能是这轮反弹行情的头部，这段时间不会太长，可能是会持续到3月30日~31日，随后趋势就会发生转变。

4月，这轮上升行情仍将持续。年内的最高点可能出现在4月25日~30日这段时间内，尤其是在1949年6月出现最低点的情况下，因为如此一来这轮上升行情就已经持续了10个月，这通常是一波短期行情的时间周期。得出该结论的另一个原因是，从1942年4月的最低点开始，这轮行情已经持续了6年，从1946年的顶部算起，至今年5月份和6月份分别相距48个月和49个月，这表明市场趋势极有可能发生转变。

6月14日~21日这个时间段非常重要，因为这距离1948年的最低点正好过去了2年；如果有证据表明1949年6月14日也是一次探底，那么距今为止恰好相隔1年。要留心6月2日~30日这个时间段，这期间可能会出现重要的转势。

7月，股市应当会上涨，哪怕此时正处于市场熊市，也应有一次反弹。

7月7日~10日，以及18日~30日，市场很可能在这些时间内做头，市场趋势出现重要反转。

8月，股市会出现一些下跌，但价格变动不大，成交额小。

8月5日~10日，14日~18日，23日~27日，都是转势的日子。

9月，要记住，这是会出现一个重要的周年纪念日出现的月份。要对在9月初以及9月23日~10月3日这些时间内出现的趋势变化格外留心，因为在这些时间段内，可能会见1次底，然后出现1次反弹。而如果股市在这些日子里开始上扬，那么就会向上反弹至11月2日~4日左右，即选举日为止。

11月14日~21日，由周期循环规律可知本月市场将有下跌走势，并可能在月底出现见底反弹。

12月，如果此轮反弹行情从11月开始，那很可能会持续到12月15日和20日，那时你应当留心头部或转势，趋势很可能在此反转向下。

☑ 对1951—1953年的预测

据预测，1951年和1952年将是经济深度萧条的年份，届时，股市将步入长期的熊市之中。许多股票的价格将跌到你无法想象的程度，亟待美国政府解决的难题越来越多，而政府对此基本束手无策。之所以会出现这种情况，是因为绝大多数民众已不再相信新政，也不相信新政能防止经济萧条的出现，而一旦民众失去了信心，形势就会无法控制地迅速恶化下去。

根据周期循环理论的预测，在1952年11月的选举中很可能是共和党人获胜，而1952年的10月份和11月份很可能就是熊市结束的月份。

1953年1月20日，新总统将入主白宫，如果他是共和党人，那么经济将重获复苏，一轮新的循环就此开始。不过，由周期循环理论可知，经济在4月或6月以前仍将发展缓慢，股市直到夏季和秋季才会将出现大幅上涨，经济状况也随之好转。

后记

　　至此，《江恩华尔街45年》一书全部结束。实际上，我涉足华尔街的经历可以追溯至1902年以前，至今已有47年的时间了，近半个世纪的经历让我明白时间才是我最宝贵的财富，而我为这笔财富选择的最佳处理方式就是用它来获取知识，知识要比金钱更可贵。

　　在这本书中，我贡献出了一些自己最为重要的交易规则和新的秘密发现，希望读者们能够努力学习这些规则并加以灵活运用。如果你肯这样做，那么投机和投资于你而言就将不再是一场赌博，而会成为一种可以获利的职业。

W.D.江恩

1949年7月18日

道琼斯30种工业股平均指数
3日图
A

①

---

① 本书写作于1949 年，由于当时出版条件所限，书末走势图较模糊。因此，本书所呈现的图片质量或许不能尽如人意，敬请见谅。——译者注

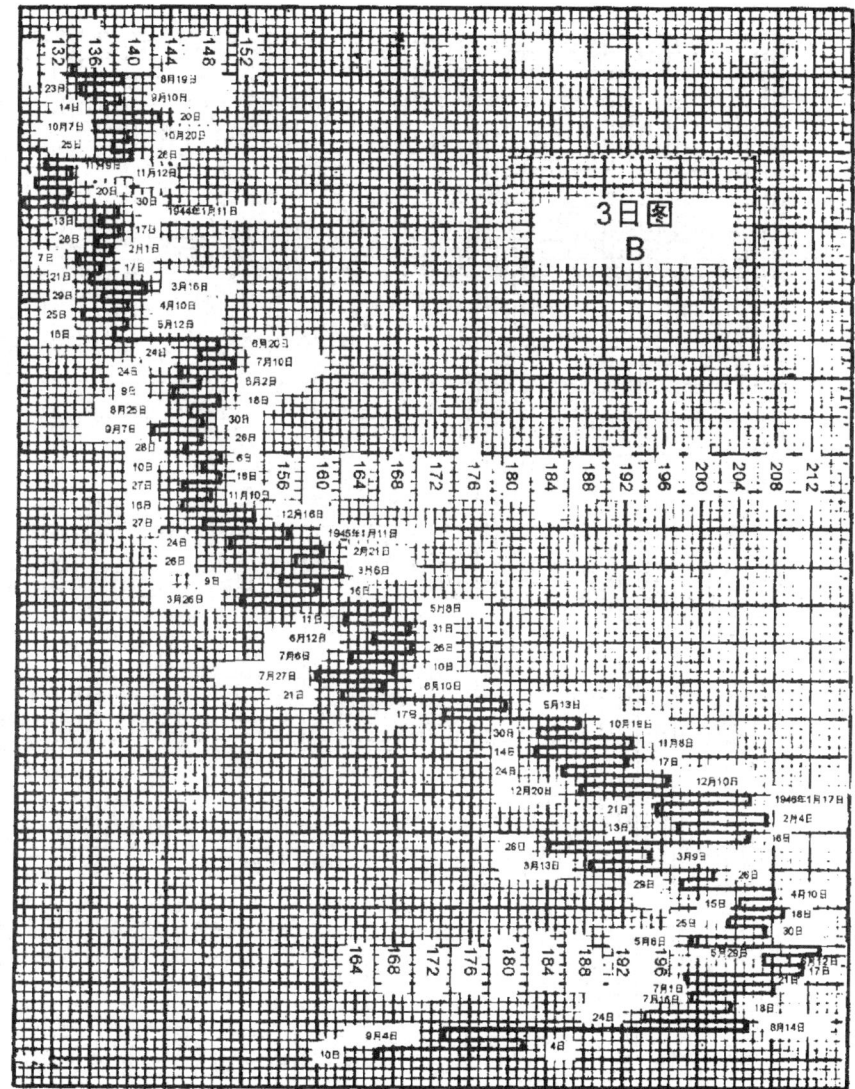

3日图
B

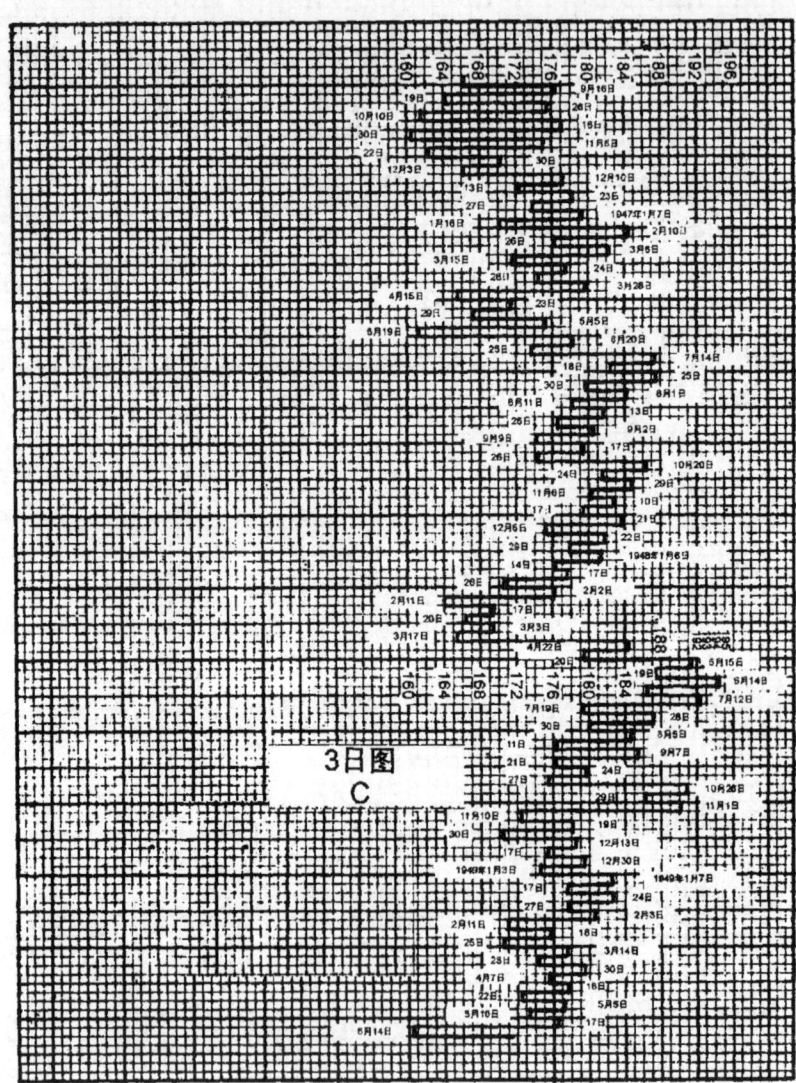

3日图
C

206

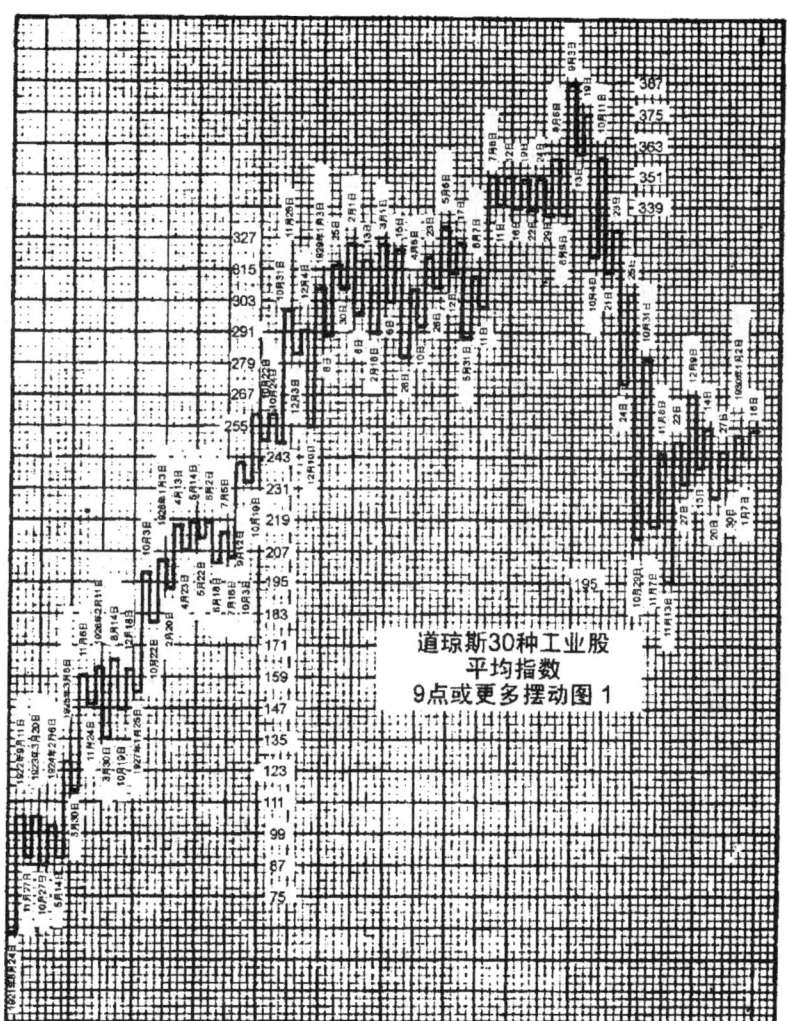

道琼斯30种工业股
平均指数
9点或更多摆动图1

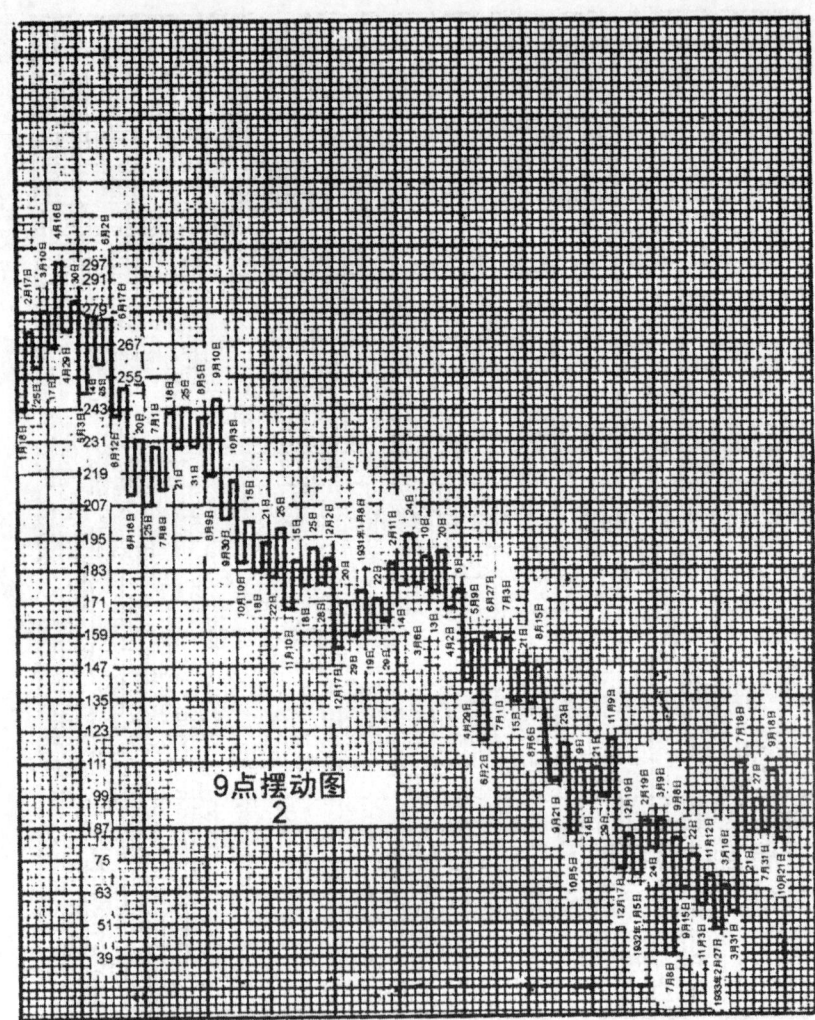

9点摆动图
2

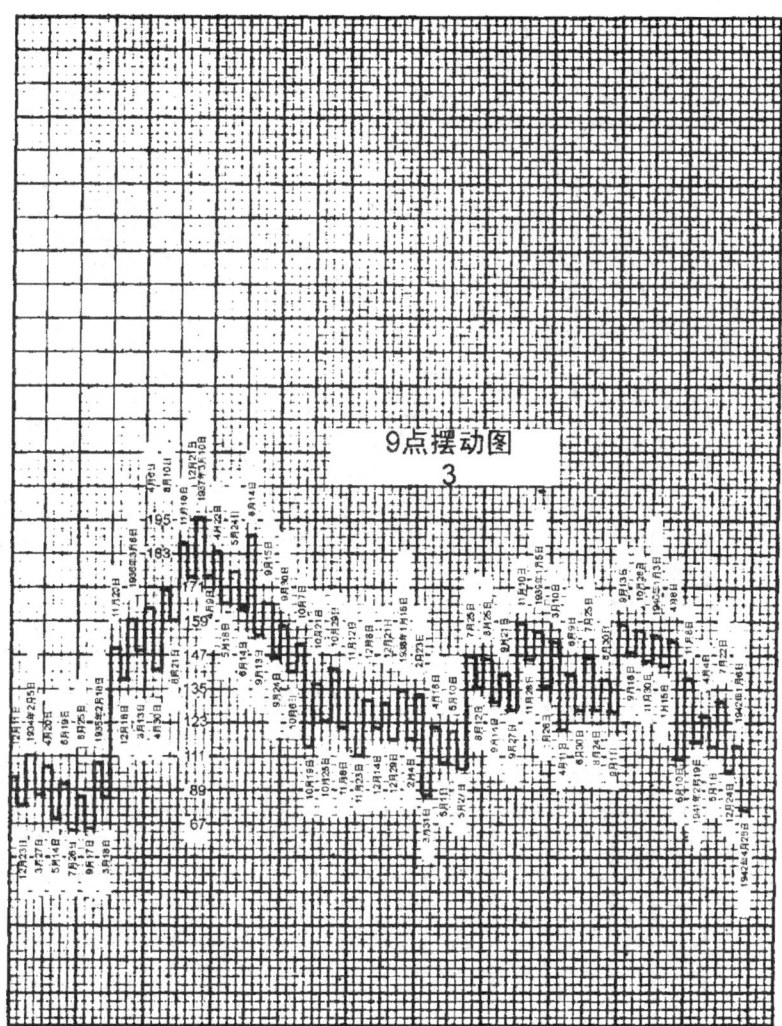

9点摆动图
3

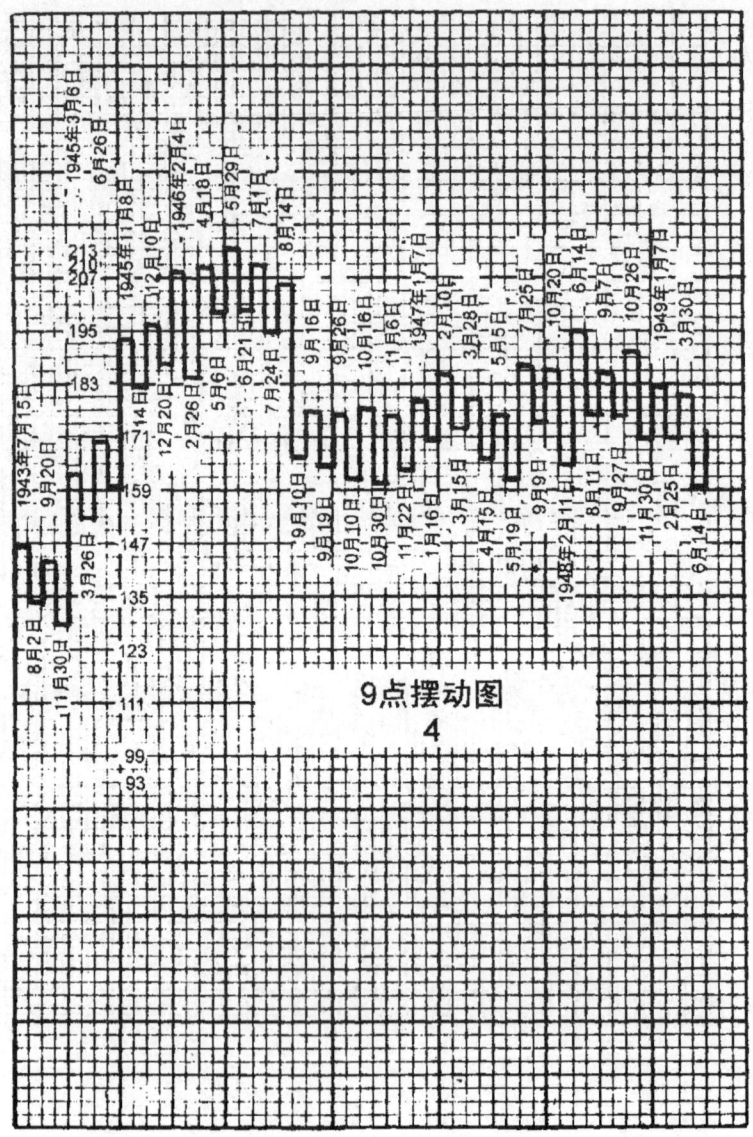

9点摆动图
4

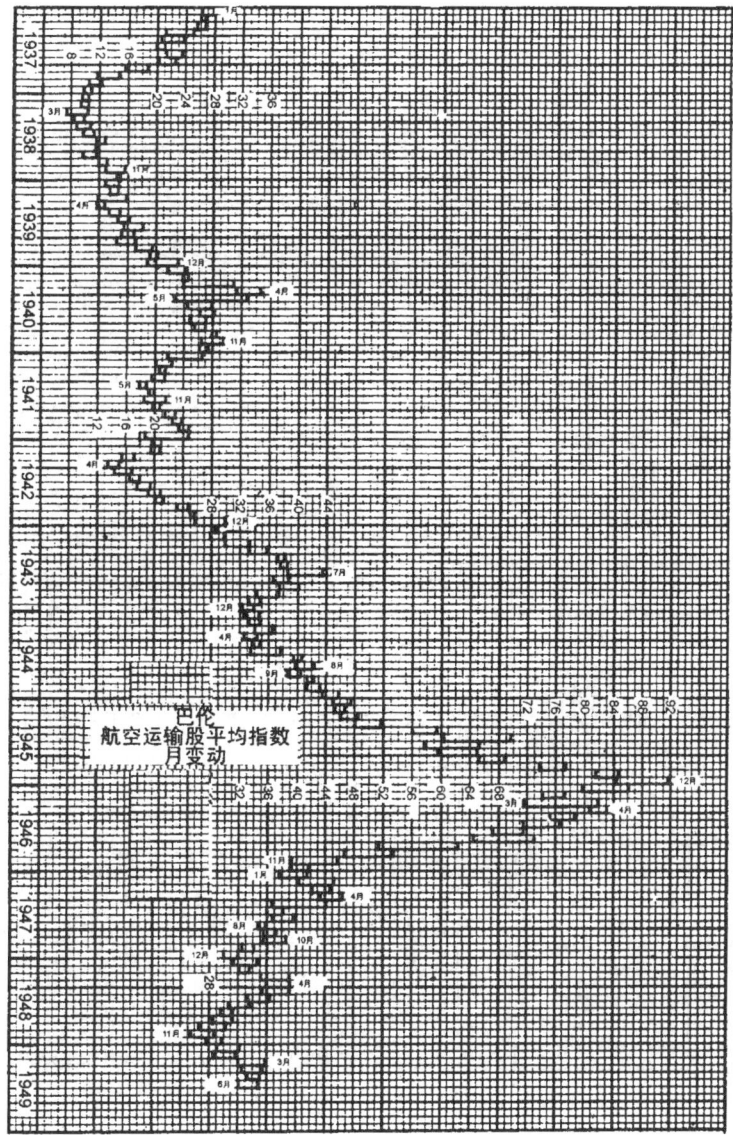

航空运输股平均指数
月变动
巴伦

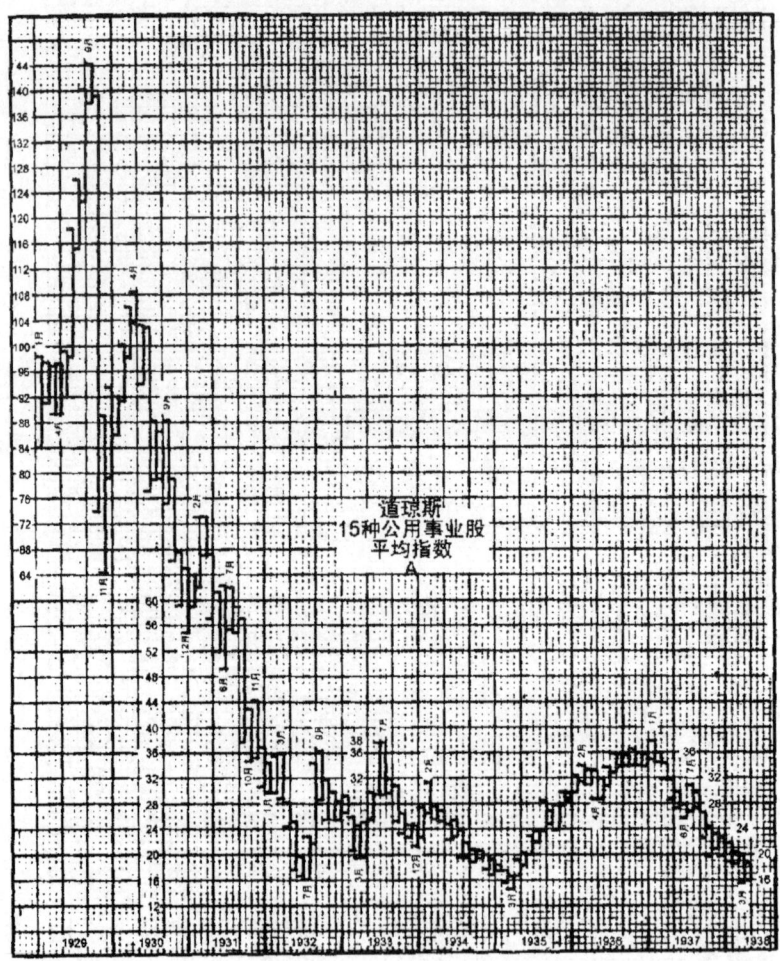

道琼斯
15种公用事业股
平均指数
A

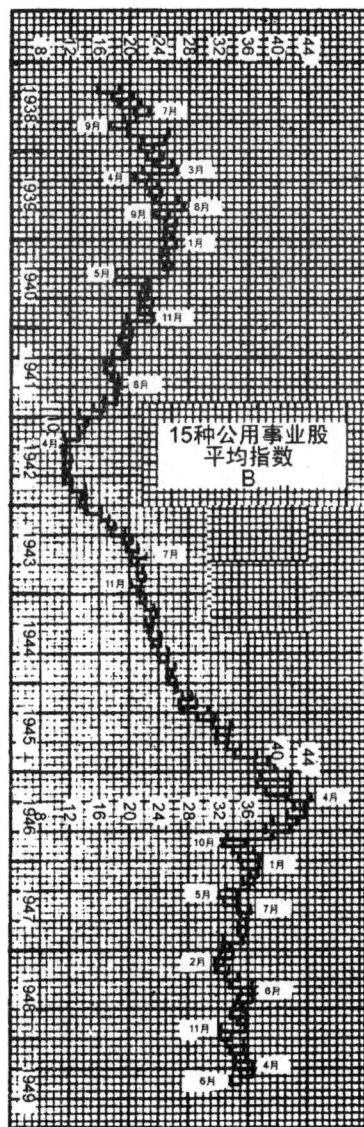

15种公用事业股
平均指数
B

213

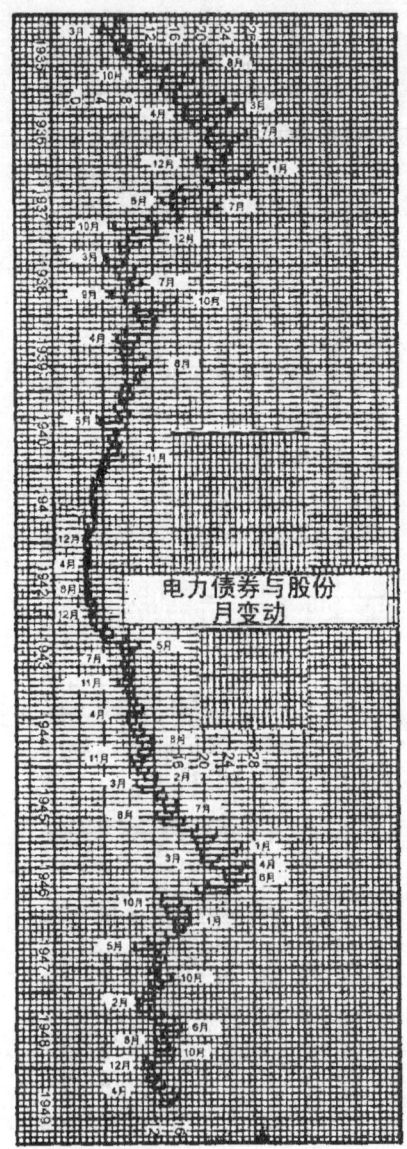

电力债券与股份
月变动

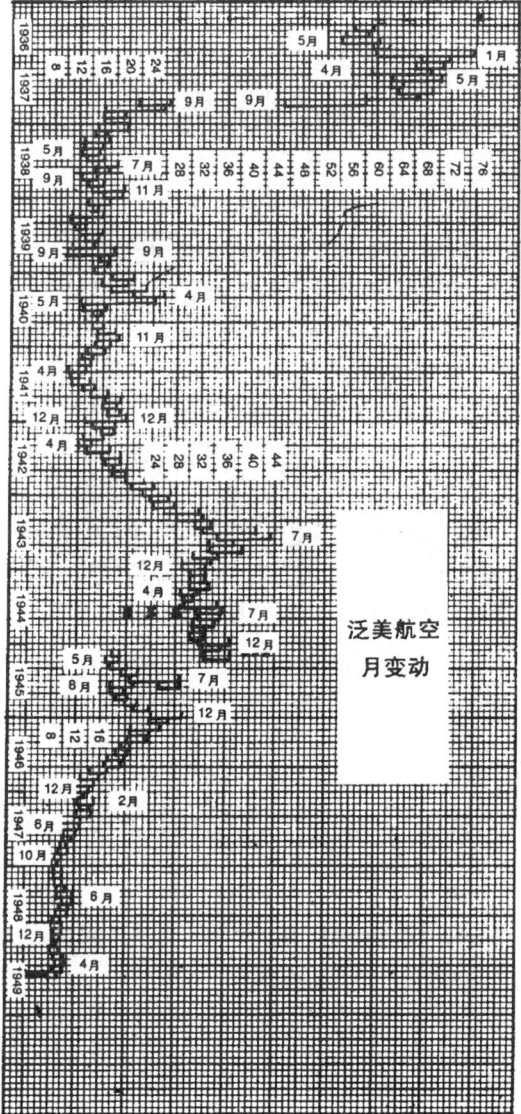

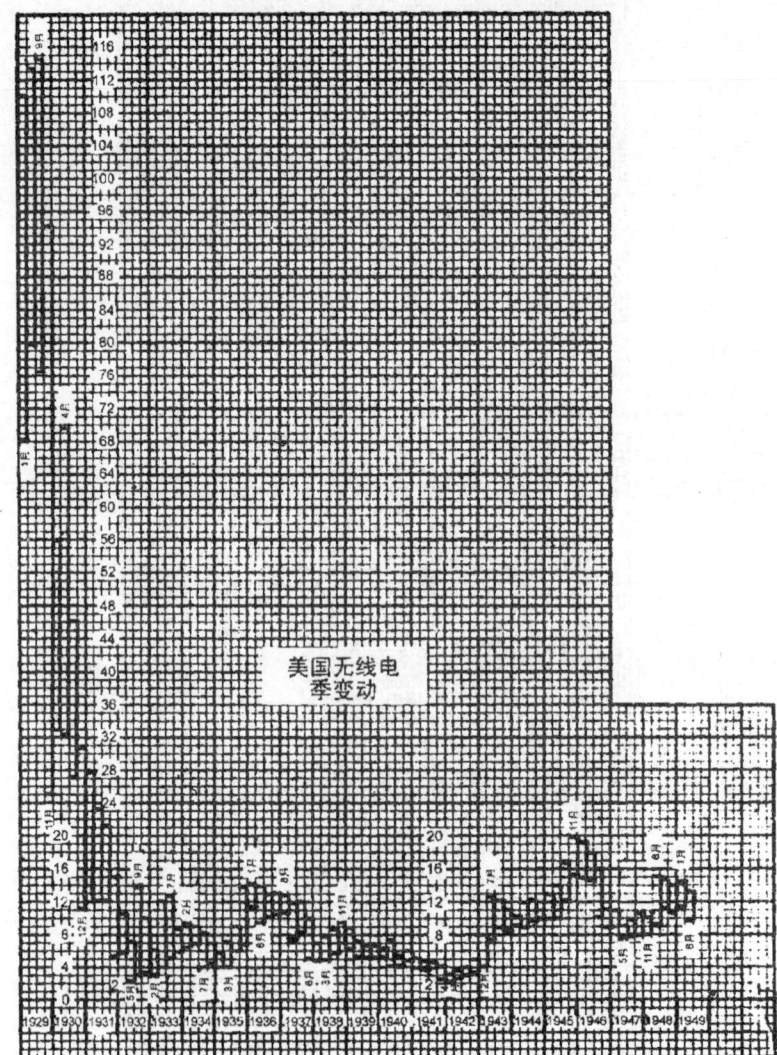

美国无线电
季变动

216